el Club de la Comedia

el Club de la Comedia

PRESENTA

Episodio III

CÍRCULO de LECTORES

Prólogo

Aceptar el reto de presentar la cuarta edición de *El Club de la Comedia* fue algo muy pasional. Son muchos los años que llevo en este oficio y muchas las asignaturas pendientes. Sin duda, una de ellas eran los monólogos.

Me gusta comparar el monólogo con el vértigo que produce saltar al vacío en paracaídas. No tienes la certeza de que se abrirá, pero sí la confianza. De la misma manera, cuando sales al escenario para dar vida al monólogo, dependes en gran medida de la reacción inmediata del público. Confías en conseguir su complicidad pero no tienes la certeza. Esos segundos hasta que rompe la primera risa... se hacen eternos y, sin embargo, ¡no los cambiarías por nada!

Haber podido compartir estos meses con el equipo de profesionales que, día a día, vertebra *El Club de la Comedia* ha sido un «lujo» y una experiencia inolvidable, profesional y personalmente.

Espero que disfrutéis de cada uno de estos monólogos, y que, al igual que a mí, su lectura os recuerde que la vida es mejor vivirla en clave de humor.

EMILIO ARAGÓN

Familia y relaciones familiares

El reloj biológico

Si hay algo que me revienta es cuando vas a una boda y empiezan todas las abuelas:

–Bueno... ¿y tú para cuándo? A ver cuándo vamos a la tuya...

Es como si yo voy a un velatorio y les digo a ellas:

–Bueno... ¿y usted para cuándo? A ver cuándo vamos al suyo...

Y luego, cuando por fin te has casado, la pregunta es:

–Bueno... ¿y cuándo vas a ser mamá...?

¿Mamá yo? ¡Si yo nunca he querido tener hijos! ¡Con deciros que no he jugado nunca al sorteo del Niño por si me tocaba! Bueno, pues oye, yo no sé qué me pasa últimamente... Debe de ser eso del reloj biológico... Que cada vez que veo un niño pequeño... hago:

–¡Mmmiiiii!

Y digo yo que será la alarma del reloj.

Estoy muy preocupada... El otro día pasé por Prenatal y no me pude resistir a entrar a probarme algo... ¡Ay, pero te da una mala conciencia...! Te sientes como una estafadora... Es como si Arturo Fernández se fuera a probar un chándal.

Me dio tanto corte que le dije a la dependienta:

–Estoy de dos meses... pero no se me nota...

Y va y me dice:

–Huy, que no se te nota... Parece que estás de cuatro. ¡A ver si van a ser gemelos...!

Y, de repente, veo unos patucos... más pequeñitos... Y pensé: «¿Qué hago? ¿Me llevo dos?, ¿o me llevo cuatro?». Al final me dije: «Pero bueno... ¡reacciona!, ¡que no estás embarazada! Con dos te llega».

Es que estoy muy mal. El otro día estábamos mi chico y yo viendo la tele y salió el niño de Ana Obregón escupiendo y mordiendo periodistas...

Y yo:

–¡Ay, qué moooono...!

Mi chico me miró con una cara que le tuve que decir:

–¡Ay, cariño! No te asustes... Que me gusten los niños no quiere decir que quiera tener uno... ¡Quiero tener tres!

Desde entonces se pone *tres* condones para hacer el amor. Y encima, la otra noche estaba ya poniéndose el tercero y cuando va a guardar la caja, ¡descubre los patucos!

–¿Qué es esto?

Y yo:

–Unos patucos de lana.

Y él:

–¡Ah... muy bien!

Ahora hace el amor con tres condones y uno de los patucos.

Y yo cada vez estoy peor. Me paso el día en la oficina haciendo montajes en el ordenador con su foto y la mía, a ver cómo saldrían los niños... Más... feos...

Pero a mí me da igual. Yo sigo con la ilusión... El otro día ya toqué fondo. Me metí un cojín en la barriga y me puse delante del espejo del baño. Yo, allí, haciendo posturitas, a ver cómo me quedaba... y, de repente, entra él:

–Oye, que... ¡Aaaaaaaah!

Y yo:

–¡Tranquilo, cariño! ¡Mira lo que es...! ¡Tanto ponerte el patuco, he tenido un cojín!

Bueno, por lo menos le ha cogido miedo al patuco... Eso sí, se sigue poniendo los tres condones. Aunque... yo creo que se está ablandando, porque ayer ya me dijo:

–Mira, me voy a poner sólo dos y que sea lo que Dios quiera.

Papá primerizo

Acabo de ser padre y estoy acojonado.

Porque ser padre primerizo es como vivir dentro de una película de terror: hay muñecos inquietantes por toda la casa, oyes ruidos extraños y no puedes dormir tranquilo porque sabes que en cualquier momento te van a dar un susto.

Y no sólo pasas miedo en casa, ¿eh? En el coche también vas en tensión. Estás todo el rato mirando hacia atrás, para ver si el niño sigue ahí. Pero ¿cómo se va a escapar? ¡Si va más atado que Hannibal Lecter!

Ser padre primerizo es como vivir en *Psicosis:* necesitas a tu madre más que Norman Bates y las peores escenas son en la bañera. Porque, claro, tú ves a tu mujer bañando al niño tan tranquila, como si fregara una ensaladera..., hasta que un día dice:

–Venga, hoy lo bañas tú.

–¿Yo? Pero ¿sabe nadar?

–Venga, padrazo, que te va a encantar...

Y tú miras al niño y piensas: «Este niño no está sucio». Así que lo metes en el agua y lo sacas, como si mojaras un donut.

–Ya.

Y ella:

–¿Y el champú?

–¿Champú? ¡Pero si es calvo!

Y te lo vuelve a encasquetar:

–¡Venga, báñalo...! ¡Pero con más gracia, hijo!

¡Ni que fuera tan fácil! ¡El jodío se mueve más rápido que Jackie Chan! Y ella:

–¡Cuidado con la cabecita, que todavía no la tiene cerrada!

–¡Coño! ¿Y por qué no se la has cerrado antes de dármelo?

Yo creo que los niños deberían nacer con un asa en la espalda; así, para bañarlo, lo cogerías tranquilamente y lo pondrías debajo del grifo.

Pensándolo bien, ser padre novato es *peor* que *Psicosis,* porque Norman Bates tenía una madre, pero es que tú tienes dos: tu madre y tu suegra. Una dice:

–Los pies es mejor que los lleve al aire.

Y la otra:

–Los constipados se cogen por los pies.

Y, claro, no hay quien se aclare.

Un día, está llorando el niño, voy a cogerlo y me dice mi mujer:

–¡No lo cojas...! ¡Que dice mi madre que se acostumbra!

Y tú:

–Pues la mía dice que, si llora mucho, se puede herniar...

–Tu madre sí que se hernió criándote a ti, que estás más mimado que Borja Thyssen...

Cuando tienes un hijo, te pasa también como en esas películas de extraterrestres, en las que los marcianos te abducen y te controlan la mente. Porque uno se pone frente a un niño, el niño te mira y, automáticamente, quedas abducido y pasas a hablar el idioma del niño:

–Cuchicuchicuchi...

¡Y el niño te comprende!

–A-jo, a-jo.

Es terrorífico. Todo el mundo queda abducido cuando habla con un bebé: «Mira, el guau guau», «Burrum, burrum», «Cu cu, ¡tras tras!»... Yo creo que nos poseen, porque tú ves un bebé con la barriga al aire y pierdes el control:

–¡Prrrrrrrrzzzz!

¡Hay que ver cómo les hablamos a los niños...! El ring ring, el rum rum, el miau miau... Y luego le echamos la culpa a la ESO de que los jóvenes se expresen mal.

Pero lo verdaderamente horripilante de tener un bebé es cuando tu mujer te dice:

–Esta tarde te vas a quedar solo con el niño.

Suena como si dijera: «Esta tarde tienes que operar a Montserrat Caballé de las cuerdas vocales».

–Chico, si es muy fácil, sólo tienes que darle el biberón y cambiarle cuando se haga caca...

Lo del biberón lo llevo bien. Yo se lo enchufo... el tío deja la boca floja, y se le sale todo. Se lo vuelvo a enchufar, se me queda mirando como Jesús Quintero... y lo vuelve a echar. Pero no puede conmigo. Yo no paro, hasta que consigo que toda la leche del biberón... pase al babero. Eso sí, luego, a mi mujer le digo:

–Mira, todo. Se lo ha tomado con un ansia... que yo creo que se tomaría otro, pero dáselo tú, ¿eh?

Lo que llevo mal es lo de la caca. Abrir un pañal da un miedo que el que se caga eres tú. Porque ella te dice:

–Si llora, cámbiale y mira a ver si la caca es buena.

¿Cómo lo haces? ¿La pruebas?

Pues, a veces, casi. Porque tú lo estás cambiando, que va cagado hasta arriba, y de repente le entra hipo... Y dices: «¿Qué es primero, el hipo o la caca?». Tú piensas: «La caca es primero». Le levantas así las piernecitas, para sacar el pañal, en ésas hace «¡hip!», se te suelta una pierna, la mete en el pastelón, y te salpica en todo el ojo. ¡Vamos, que para cambiarle me he comprado unas gafas de soldador!

Yo, a estas alturas, soy todo un experto en cacas: en todas sus consistencias y colores. Marrón caca clásico: todo va bien. Marrón oscuro en bolitas, estilo cabra: hay que darle zumito de naranja. Verde pistacho: está echando un diente. Amarillo líquido: hay que ir al pediatra, que se deshidrata... Pero lo peor es la caca fantasma, que es cuando el niño huele mal, le quitas el pañal y no hay nada. Y así pasa que, cuando vuelve a oler mal, dices: «A mí no me la das»; sin quitarle el pañal metes el dedo y... ¡te la da!

Pero, además de todo esto, el bebé tiene un arma secreta: los lloros. Y los tiene de todos los tipos: Está el «Te doy tiempo a venir antes de montarla», que es así:

–Eheh, eheh, eheh, eheh, eheh, ¡eeeggg...!

El llanto «Alarma de coche»:

–¡Güe-é, güe-é, güe-é, güe-é, güe-é...!

Y luego está el de «Voy a acabar con tus nervios»:

–¡Güi, güec... güi, güec... güi, güec... güi, güec...!

Y todo el mundo cree saber por qué lloran: «Eso es que tiene hambre», «Eso es que tiene sueño», «No, no... Eso es que tiene gases y no los sabe echar». ¿Que no los sabe echar? Te dan ganas de agarrarlo y hacerle en la barriga «przzz», y deshincharlo como una pelota de playa.

Pero no lo haces. Lo que haces es cogerlo en brazos y decirle muy clarito:

–Cuchi, cuchi, cuchi... ¿qué pasa? Prrrrzzzz, prrrrrzzzz...

Y es que los niños son lo mejor del mundo.

A por la parejita

El verano pasado mi hijo Alejandro cumplió cuatro años y, cuando sopló las velas, mi mujer y yo le dijimos:

–Cariño, pide un deseo. A ver, ¿qué has pedido?

Y el niño nos mira así, todo ilusionado, y nos dice:

–Una PlayStation o un hermanito.

Y mi mujer y yo nos miramos... y dijimos: «Joder, la PlayStation son ochenta mil...».

Así que fuimos a por la parejita. Si lo llego a saber, va ella sola.

Hay que ver lo rápido que se queda embarazada una novia, y lo que cuesta dejar embarazada a tu mujer. Es verdad: tú llevas un mes saliendo con una chica, estás parado, le caes mal a sus padres, no te quitas el condón ni para ducharte... ¡y la dejas embarazada a la primera! Ahora, como vayáis a por el niño... ¡Es más fácil sacarla de España de tanto empujar, que dejarla embarazada...!

Eso sí, os ponéis los dos muy melosos: velitas, incienso, música de saxofón... Porque piensas: «Vamos a hacerlo con mucho cariño para que sea fruto del amor». Después de seis meses sin que se quede embarazada, dices: «A ver si va a ser mejor que sea fruto de un polvo». Sí, porque pasa como con el fútbol... Jugar bonito le gusta a todo el mundo, pero lo que cuenta es meter gol.

Así que vais a consultar al ginecólogo. Y el tío te dice:

–Esto es normal... Tenéis que insistir más...

Total, que te receta los polvos como si fueran Frenadol:

–Tres al día, cada seis horas.

Cuando llevas dos meses a este ritmo, te quieres morir... Lo peor es la semana de la ovulación. Porque, por lo visto, en esos días sube la temperatura... y eso aumenta la fertilidad. Así que mi mujer está todo el día con el termómetro. Y claro, de repente, estás en medio de una reunión y suena el teléfono:

–Cariño, me ha subido. Ven corriendo... Tiene que ser ahora mismo...

Y a ver cómo se lo explicas a tu jefe:

–Mire, me tengo que ir..., es que a mi mujer le ha subido la temperatura...

–¿Y no puede atenderla un médico?

–Hombre..., es que preferiría que el niño fuera mío...

Y llegas a casa y te la encuentras ya desnuda y preparada..., que dices: «¡Jo, yo así no puedo...! ¡Esto es como comer pipas peladas...!». Y es que ella no piensa en otra cosa. ¡Coño, que parece un tío! Y yo me siento como una máquina. Vamos, que cuando terminamos me dan ganas de decirle: «Su espermatozoide, gracias».

Y, encima, todo el mundo te da consejos: hacerlo en la postura del misionero, con luna llena, que ella se ponga un cojín debajo y que después de hacerlo se pegue media hora tumbada y con los pies en alto. ¡Joder, la pobre...! Es la primera vez que soy yo el que tiene que decirle a ella: «¡Aguanta, aguanta un poco más!».

Al final, cuando vimos que no había forma, volvimos al médico, y va y me dice:

–Bueno, pues... lo mejor va a ser que se haga un análisis de semen, porque puede que tenga usted pocos espermatozoides...

Que tú piensas: «¡Coño, seis meses... a seis polvos diarios...! ¡Lo que me extraña es que me quede alguno!».

Y el médico:

–Aunque también podría tratarse de astenospermia. Lo que se conoce como... espermatozoides vagos...

Y mi mujer:

–¡Buah...! ¡Pues va a ser eso...! Porque se pasa el día tocándose los huevos...

Y el otro:

–Usted no se preocupe, que si es eso... podemos extraerlos e implantarlos en el óvulo.

¡Sí, hombre...! ¡Una cosa es que sean vagos... y otra, ponerles taxi para recorrer doce centímetros...!

Y el médico:

–Es que esto es muy difícil... Tenga en cuenta que de millones de espermatozoides sólo puede ganar uno.

¡Mira, como en Gran Hermano!

El caso es que tienes que hacerte el análisis. Te meten en una habitación con un vasito y un montón de revistas porno. Y tú te sientas allí, a ver si se anima. Pero estás mirando un montón de fotos de tías en pelotas y lo único que piensas es: «Huy... fíjate... Ésta... con las caderas tan estrechas va a tener problemas en el parto, ¿eh? ¡Huy...! Esta otra... con toda la silicona que se ha metido... ¡a ver cómo amamanta al niño...!». Y, encima, mi mujer, desde fuera:

–¡Cariño! ¿Has terminado ya? ¡En casa no aguantas tanto!

Total, que al final, con mucha buena voluntad... consigues llenar el vasito. Pero luego te pasas toda la semana jodido mientras esperas los resultados.

Lo peor de todo es que hasta empiezas a dudar de que el hijo que ya tienes sea tuyo... Miras al niño... y piensas: «Sí, de acuerdo, Alejandrito es clavado a mí, pero yo tengo una cara muy corriente...». Y te acuerdas de esa insistencia de tu mujer en ponerle Alejandro. ¿Qué pasa, que Santi no es bonito? Y ya el colmo es cuando llega tu suegra y le dice:

–¡Ay, qué niño tan listo...! ¿A quién habrá salido?

Que ahí ya dices: «¡Coño, es verdad...! ¡A ver si tampoco va a ser de mi mujer!».

Pero, de pronto, reaccionas: «¡Joder, me estoy emparanoiando! ¡Alejandrito es mío...! Hay que tener en cuenta que, en aquel tiempo, dejarla embarazada era más fácil: yo estaba en paro, mis suegros me odiaban, me ponía condón. ¡Coño, lo teníamos todo a favor...!».

Al final nos dieron los resultados y, por lo visto, no me pasa nada. Lo que tengo es estrés. Así que le he comprado al niño la PlayStation, a ver si jugando me relajo un poco...

Actividades extraescolares

¿A ustedes les gustaría que, después de pasar todo el día frente al ordenador, su jefe les obligara a ir dos horas a aprender arte floral japonés? Pues esa putada se la hacen los padres a los niños. Aunque no lo llaman «putada», lo llaman «actividades extraescolares».

Y lo peor es que los padres no te apuntan a actividades extraescolares para que te formes: lo hacen para deshacerse de ti. Por eso te apuntan a lo que sea: dibujo, teatro, bailes regionales, *petit-point,* pelota vasca... La cuestión es tenerte ocupado todo el día... Vamos, si por ellos fuese, por la noche te apuntarían a panadería y se quedarían tan a gusto. Yo, de pequeño, tenía tantas actividades que acabé más estresado que Bush en una mezquita.

Primero me apuntaron a solfeo, que yo creía que iba a aprender a tocar la guitarra como los Beatles, y luego me dieron un acordeón, como a María Jesús. Y encima, ni siquiera me sirvió para entender eso que tanto me atormentaba de *Sonrisas y lágrimas:* «Do es trato de varón; re, selvático animal...». ¡Todavía estoy buscando al re en el zoo!

Pero mis padres no tenían suficiente con el solfeo. Así que los lunes, miércoles y viernes me apuntaron a kárate:

–Para que te pongas fuerte –me dijo mi padre.

Claro que también les venía bien, porque el solfeo era los martes y jueves.

La primera vez que me puse el kimono pensé: «Por lo menos, con esto, me podré vengar de Alvarito...». Pero no. Porque el kárate es frustrante. Nada más llegar te dicen:

–El kárate no es violencia, no puedes usarlo fuera de aquí... El kárate no debe salir del tatami... ¿Lo habéis entendido?

Y todos como en *Karate Kid:*

–Sí, *sensei...*

Y, claro, luego Alvarito me inflaba a hostias y yo:

–Sí, *sensei,* sí, *sensei...*

Eso sí, donde me divertía era en el fútbol. Los martes y los jueves, después de solfeo, tenía que salir cinco minutos antes para llegar al entrenamiento. Menos mal que los domingos había partido. Era genial despertarse a las siete de la mañana en pleno invierno, caerte al suelo, pelarte las rodillas y, por fin, oír cómo te insultaba tu padre cada vez que fallabas:

–¡Pero muévete, vago! ¡Que estás amariconado!

Y luego le oías hablar con el entrenador:

–Si es que el mayor vale algo, pero éste... Éste es un flojo... Creo que lo voy a apuntar a musculación...

¡Jo con los padres españoles! ¡Que aprendan de los padres americanos, que siempre llegan al partido de béisbol cuando ya ha acabado!

¡Es que hay que ver los problemas que se crean en las casas americanas cada vez que el niño tiene partido! El padre le promete a Timmy que irá a verle a la gran final. Su ex mujer le llama dieciocho veces a lo largo del día para recordárselo. Y su secretaria también se lo recuerda. Pero al padre le sale una reunión de millones de dólares y le es imposible llegar a tiempo. Timmy está nerviosísimo porque le toca batear y su padre no ha llegado. Pero, en el último momento, llega el padre. Se miran. Y el niño piensa: «Papi, esto lo hago para llamar tu atención, aunque no me interese el béisbol en absoluto». Y el padre lo único que piensa es: «Que no se la tire con efecto, que no se la tire con efecto...». Aquí hay dos posibilidades: si es el principio de la película, falla; pero si es el final, Timmy lanza la pelota fuera del estadio y lo sacan a hombros.

Eso sí, la ventaja que tienen los niños americanos es que no necesitan ir a clases de inglés, como aquí. Porque a mí, mi madre me apuntó a inglés los lunes y los viernes después del kárate, y los jueves antes del solfeo y el fútbol. Así que tenía que acordarme de llevar el acordeón, porque el jueves tocaba «instrumento». Y cada vez que venía una visita, mi padre decía:

–Pues el niño ya habla inglés; venga, habla en inglés.

–¿Y qué digo?

–Pues cuenta hasta cien.

–Guan, tu, fri, for... fu, si, la, sol, fa... ¡kiaaa!

Así que llegó un momento en el que, para que me diera tiempo a todo, hacía todas las actividades con el kimono y el acordeón a cuestas... que cuando iba por la calle me tiraban monedas. Qué cara llevaría, que mis padres se empezaron a preocupar...

–¿Te has fijado en lo raro que está el niño? Ya no juega ni nada...

–Sí, ya he visto que en fútbol no da una...

–Pues habrá que llevarlo al psicólogo.

–¿Sí? ¿Y cuándo?

Entonces mi madre cogía el *planning:*

–Lunes, miércoles y viernes no, que tiene inglés y kárate, y los martes y jueves tiene fútbol, solfeo y acordeón.

Y mi padre:

–Pues lo llevamos el sábado.

–Sí, hombre, ¿y quitarlo de catequesis?

En realidad, lo único que yo quería era aprender a tocar la guitarra... para impresionar a Andreíta. Estábamos muy enamorados. Pero sólo nos podíamos ver los miércoles, cuando yo salía de kárate y ella de ballet, cinco minutos, porque yo tenía inglés y ella gimnasia rítmica.

Y así de apacible transcurría mi infancia, hasta que un día, viendo el Roland Garros, dice mi padre:

–Te voy a apuntar a tenis los fines de semana, para que hagas algo, que siempre que te veo en casa estás tirado en la cama.

¡Hombre, claro! ¿Y cómo iba a estar? ¡Si no me podía mover!

Ventajas de ser familia numerosa

Lo mejor que te puede pasar de pequeño es crecer en una familia numerosa. Aunque yo creo que El Fary se hubiera conformado con crecer.

Hay que ver lo bonito que es vivir en una casa llena de gente... Vamos, si el niño de *El sexto sentido* hubiera sido de familia numerosa, en vez de «En ocasiones veo muertos» diría: «Si os apartarais, vería muertos».

Lo mejor es lo de heredar la ropa. Porque como la ropa se va pasando de unos a otros, si estás lo bastante lejos del mayor, te da tiempo a que se pongan otra vez de moda los pantalones de campana. En una familia de diez hermanos, van a la moda el primero y el último.

Además, lo de la ropa es muy útil para saber el número de hermano que haces. Basta con mirar el número de rayas que llevas en el dobladillo del pantalón. Los dobladillos son como los troncos de los árboles: cuentas las rayas y sabes la edad.

Otra ventaja si eres el pequeño es que aprovechas triunfos de las batallas de los demás. El mayor tiene que llegar a las once. Y diez hermanos después, ya puedes llegar a la hora que te dé la gana. Se han dado casos en los que el hermano de nueve años le dice al de treinta y uno: «Voy a salir de marcha. ¿Me recoges a las cuatro?». Y el otro: «No puedo, tengo que estar en casa a las once».

Hay dos tipos de familias numerosas. Uno: las que no estaban previstas. Éstas son muy fáciles de identificar. Por ejemplo, si el mayor se llama Benjamín; ahí está claro que después se les rompió el condón... seis veces...

Y luego están las familias numerosas planificadas. Éstas también son fáciles de reconocer, por los nombres. Sí, hay padres de estos cabezotas que más que formar una familia parece que están coleccionando fascículos. Por ejemplo, yo tenía un vecino que tuvo doce hijos y se empeñó en ponerles a todos nombre de apóstol. Oye, y no se cortó un pelo. Me acuerdo mucho de ellos... Sobre todo de Pedro... ¡Tenía unas tetas!

Una de las mayores ventajas de ser familia numerosa es que vives en el caos, y claro, tus padres llevan un lío que no se aclaran. Tú puedes repetir curso y ni se enteran.

–Pero ¿tú no ibas a sexto?

–Eh... no, papá, ésa es mi hermana...

–¿Quién, Pedro? Claro... ya decía yo que tenía mucho pecho para estar en quinto...

¡Y lo mejor es cuando te echas novia, que no tienes que esperar a que se vayan tus padres de viaje para meterla en casa! Ella va por allí como una más y nadie se da cuenta, como sois tantos... Yo creo que tu madre la ve por el pasillo y lo más que le dice es:

–Chist, tú... recoge tu cuarto.

Yo he tenido la inmensa suerte de pertenecer a una familia numerosa, y tengo unos recuerdos increíbles. Como el contrabando de dientes. Sí, porque si eras el pequeño y se te caía un diente, el Ratoncito Pérez sólo te traía caramelos, pero si eras un poco mayor te dejaba dinero. Así que le pasabas el diente a tu hermano y repartíais las ganancias. Era un chollo eso de tener muchos hermanos para intercambiar dientes.

Otra cosa fantástica de las familias numerosas es que se organizan cadenas de mando, como en los submarinos. El domingo por la mañana le dice tu madre al mayor:

–¡Paco, vete a por el pan...!

El mayor al siguiente:

–¡Vete a por el pan!

El siguiente al otro:

–¡A por el pan! ¡A por el pan! ¡A por el pan...!

Y así hasta llegar al de siete años:

–¡Tú, enano, a por el...!

Y tu madre:

–¡No ha llegado! ¡Está de marcha!

Pero lo mejor de las familias numerosas es que, encima, cuando creces, al ser tantos hermanos tienes más posibilidades de que alguno triunfe y puedas vivir de él. Y por otro lado, también lo tienes más difícil para ser el fracasado, porque siempre habrá alguno más patético que tú. Coño, estoy pensando que el chollo es ser hermano de Tamara: que puedes vivir de ella y ser el hermano listo al mismo tiempo.

Inconvenientes de la familia numerosa

¡Lo que yo hubiera dado por ser hijo único!

Ya sé que hay gente que anda por ahí diciendo que es maravilloso criarse en una familia numerosa... ¡Hay que ser gilipollas...! Lo mejor es crecer siendo hijo único. Bueno, yo creo que El Fary se hubiera conformado con crecer.

En el colegio, a un hijo único se le reconocía enseguida por dos cosas: la paz interior... y la ropa de su talla. ¡Que es muy humillante que le calculen a uno la edad por las rayas del dobladillo, como si fuera un alcornoque!

Además, en una familia numerosa la infancia es un coñazo, porque normalmente los padres te huelen el culo para ver si te has cagado, pero en una familia numerosa, como sois tantos, no se preocupan en mirar uno por uno a ver quién ha sido. En cuanto huelen algo, ¡tooooodos a la bañera! ¡Que mi casa parecía una piscifactoría!

Y todavía hay gilipollas que dicen que en las familias numerosas todo son ventajas: «Huy, además, si eres el pequeño es un chollo, porque cuando te llega la ropa del mayor, vas otra vez a la moda». En mi época, la moda era hacer la comunión vestido de marinero. Y sí, yo fui de marinero, pero de marinero de la Primera Guerra Mundial. Es que lo heredas todo. Y es muy duro ver a tu madre acercarse por la noche a la cama de tu hermano mayor:

–Cariño, quítate los calcetines, que se los van a dejar los Reyes a tu hermano Emilio.

Y eso si tienes hermanos, porque si lo que tienes son hermanas mayores, tú pides un Geyperman y te regalan una Barbie con el pelo cortado y una barba pintada. Que nada más verlo, ibas todo preocupado a decirle a tu madre:

–Mira, mamá, creo que mi Geyperman está echando caderas.

Y luego está lo de la habitación. Lo mío no era una habitación, era un barracón militar. Había tantas literas que parecían estanterías. Mi madre nos organizaba por orden alfabético, como los libros. Y cuando quería sacar a uno, se iba a las literas:

–Carlos, David, Elías, Fernando... ¡Huy...! ¿Y Emilio? ¡Cariño...! ¿Hemos prestado a Emilio?

Además, lo de las literas era un coñazo... Yo recuerdo que cuando mis padres salían, venía la canguro a casa a cuidar de nosotros. Pero sólo cuidaba de mi hermano mayor, que se metía con ella en la litera de abajo y... la canguro sería ella, pero el que daba saltos era yo.

Pero lo peor era lo del baño. Había que hacer turnos de quince minutos. Y como siempre había dos o tres hermanos en la edad del pavo, para que no hubiera atascos mi madre tenía que poner bromuro en el Nesquik. Lo que no sé es cómo llegamos a ser tantos, porque mi padre también tomaba Nesquik.

Y en el colegio es un infierno. Porque cargas con la fama de tus hermanos mayores, y si han sido unos macarras, la has jodido. Pero si han sido unos empollones, la has jodido más. Llegas allí, el primer día, y el profesor:

–¡Aaaaah...! Aragón... ¿Tú no serás hermano de Fernandito?

–Sí, señor... sí.

–Pues tu hermano era un estudiante ejemplar. Espero que sigas sus pasos...

Que tú piensas: «Pues seguro, porque llevo sus calcetines...».

Pero, además de la fama, de los hermanos mayores también vas heredando los libros. ¡Subrayados! Que es una putada, porque como el primero subraye mal, suspende toda la familia. Aunque peor que eso es que tu hermano mayor se haya enamorado de Pili, y tengas todo el libro lleno de corazones: «Pili, Pili, Pili»... Lo tienes que arreglar de alguna forma. Así que pones en todos: «Pili-la». Y, claro, el que lo tiene chungo es el hermano siguiente, que tiene el libro lleno de corazones que ponen «Pilila». ¡Y a ver cómo explica eso...!

Y ustedes dirán: «Bueno, hombre, lo de heredar los libros, chungo, pero, a cambio, también heredas las revistas guarras...». Ya, pero es que la que viene en pelotas es Mayra Gómez Kemp.

Luego hay listos que dicen: «Lo bueno de la familia numerosa es que puedes meter a la novia en casa y, entre tanta gente, nadie se entera». ¡Serán gilipollas...! ¿Y de qué te sirve meterla en casa, si luego no tienes dónde... meterla?

Y lo peor de todo son los telediarios. Estáis allí sentados los diez hermanos y, de repente, dicen: «Dos de cada diez jóvenes consumen drogas en fin de semana». Y tu padre:

–¡Castigados todos, hasta que confiesen los dos!

«Cuatro de cada diez jóvenes pierden la virginidad antes de los dieciocho.»

Y tu madre:

–¡Ah! ¡La canguro no vuelve por casa!

Bueno, me acuerdo un día que dijeron en la tele: «En España, uno de cada diez hijos es fruto de la infidelidad». ¡Y el pelirrojo se llevó una hostia...!

Mis padres están en la edad del pavo

¿Saben lo que es la «segunda juventud»? Una enajenación que sufren los padres, treinta años después de haber pasado la primera, y que les hace creer que vuelven a ser unos adolescentes. Yo, que nunca he querido tener hijos por no aguantarles la edad del pavo, y ahora resulta que los que tienen el pavo son mis padres. Oye, si lo llego a saber, tampoco hubiera tenido padres.

A mí nadie me avisó de eso de la «segunda juventud». Y encima, con la esperanza de vida actual, la segunda juventud dura el triple que la primera, y vete a saber cuándo termina... Lo que sí sabes perfectamente es cuándo empieza: cuando tus padres, como cualquier chaval de su edad, comienzan a someterse a «los dictados de la moda juvenil». Mi madre se pasa el día con unas mallas tipo *spice girl*, que más que una *spice girl* parece una *spice* Gil. Y no le digas nada, porque se pone de un rebelde...

–¡Pero mamá...! ¿Adónde te crees que vas con esas pintas?

Y ella:

–¡En mi vida no te metas!

–¡Ah, muy bonito! ¿Así se le habla a un hijo? ¡Se lo voy a decir a papá!

Y sales al jardín y te encuentras a tu padre con un

chándal... que no sabes si está lavando el coche o robando los tapacubos.

Pero el auténtico problema es que tú, a un chaval, lo puedes castigar quitándole la paga, pero a tu padre no le puedes anular la Visa Oro. Y se pasan el día comprando chorradas: que si una multilijadora, que si una bicicleta estática, ¡que si un 4 × 4 biplaza! ¡Biplaza! ¿Y yo dónde voy? ¿En la bicicleta estática?

Y, claro, a mi madre le ha dado por sacarse el carné de conducir. Y se ha apuntado a la autoescuela, pero no da ni golpe. Que me paso el día detrás de ella: «Mamá, estudia», «Mamá, ¿otra vez a la calle? ¿A que no has hecho los tests?». Y ella:

–No, es que... he quedado con Puri para hacerlos en su casa.

Con Puri, dice... ¡y no lleva ni los libros!

Y no tiene ni idea, ¿eh? Que el otro día íbamos por la carretera y vimos la señal de animales sueltos... ésa triangular, con el cervatillo en el centro, y le digo:

–A ver, mamá: ¿qué significa esa señal?

Y me suelta:

–Pues debe de ser que ahí es donde murió la madre de *Bambi*.

Y encima dice:

–Desde luego, los de la Disney... ¡cómo son...! Ni unas flores ni nada... ¡Con la pasta que ganaron con ella...!

Pero la culpa no es de mis padres. Es de las amistades, que los malean. A mí esa Puri no me gusta nada... Que fuma... Y está de espabilada con 60 añitos que tiene... Bueno, el otro día la pillé intentando convencer a mi madre de que se hiciera un *piercing*. Y en estas cosas es mejor hacerse el comprensivo, para que confíen en ti...

Así que yo, en mi papel de hijo enrollado, le dije a mi madre:

–Mamá, tía, te vas a hacer un *piercing*... ¡genial!

–Pues sí, pero no sé dónde hacérmelo...

–Pues en el ombligo, boba, que a los tíos nos parece supersexy...

Claro, que yo pensaba: «Si se lo hace en el ombligo, se le tapa entre los michelines y no se le ve».

Es que cada vez hacen cosas más raras: se han apuntado a un gimnasio, que, hasta ahí, normal... ¡Pero es que luego van! Y a mí, lo que más me preocupa es que mi madre empiece a adelgazar y se le vea el *piercing*...

El otro día pasé un bochorno... Me llama el monitor de aeróbic, que quería hablar conmigo.

–Estoy muy preocupado por tu madre, ¿eh? Que no progresa... Se pasa la clase hablando con Puri... ¡Que ya les he dicho que les voy a quitar el móvil!

Y ya el colmo ha sido la factura del teléfono. Ahí les senté y les dije:

–Papá, mamá, tenemos que hablar. ¿Tenéis problemas? Ahora no decís nada... ¿Qué? ¿Os tengo que llamar por teléfono para que me lo contéis? A ver, mamá: ¿de qué hablas con Puri, si estáis todo el día juntas? Y tú, papá, deja de llamar al Party Line... Puedes hablar con mamá... cuando deje de hablar con Puri.

¡Quién los ha visto y quién los ve! Antes, los sábados, se quedaban en casa viendo el programa de José Luis Moreno. Ahora no... ¡Ahora van a verlo en directo!

¡Vamos! ¡Y luego no se van de botellón porque no les deja el PP! ¡Joder, que los fines de semana soy el primero en llegar a casa! Es un infierno, porque tú puedes castigar a tu hijo por llegar tarde... Pero a tu padre...

¿qué le dices? El otro día me llegó pedo a las siete de la mañana, y yo:

–¡Se lo voy a decir a mamá... cuando aparezca!

Y él:

–Se ha quedado a dormir en casa de Puri...

–¡Ah...! Pues la madre de Puri no me ha llamado...

–Será porque lleva veinte años muerta...

¡Claro, y como salen tanto se pasan todo el día en el baño, arreglándose! Y ya puedes aporrear la puerta, que no se enteran. ¿Cómo se van a enterar, si tienen el disco de El Puma a toda leche?

Pero ayer llegamos al límite. Resulta que volví un poco antes del trabajo. Voy a abrir la puerta... y oigo jadeos. Y yo: «Por favor, que sea la bicicleta estática, que sea la bicicleta estática...». Y, efectivamente, era la bicicleta estática... ¡Lo estaban haciendo encima!

Y ya, después de esto, he tenido que tomar una decisión que me ha costado mucho, porque yo siempre he vivido con mis padres, y para mí es muy duro separarme de ellos... pero he cogido las maletas y les he dicho:

–Papá, mamá: lo que os quepa dentro... y puerta.

La confianza

En esta vida sólo hay dos cosas que una vez que las pierdes son imposibles de recuperar: la confianza y la virginidad. Yo la perdí muy pronto... la confianza, digo. La virginidad... estoy ahorrando.

¡Ya, es muy triste! Lo de la confianza, digo. Yo no me fío ni de mi padre. Desde los seis años. Un buen día llega tu padre y te lleva al parque a aprender a montar en bici. Te quita las rueditas y te dice:

–Tranquilo, que yo estoy detrás de ti.

Y cuando miras, está tomándose una cerveza en el chiringuito. Y ¡zas! ¡Al suelo! No te caías de la bici, ¡te caías del guindo!

Y para colmo, cuando llegabas a casa con las rodillas despellejadas, te decía tu madre:

–Calla, bobo, que el agua oxigenada no duele...

¡Los cojones no duele! Y lo de tu padre te pilla de sorpresa, pero lo de tu madre lo tenías que haber sospechado. Es la misma mujer que te hacía zumo de naranja natural y luego te decía que era Tang.

Pero la prueba definitiva de que no te podías fiar de tus padres es cuando habías hecho una trastada y te decían:

–¿Has sido tú? Dímelo hijo, que no me voy a enfadar.

–Vale, he sido yo.

¡Toma hostión!

Pero claro, aprendes, y no vuelves a confesar aunque te pillen in fraganti. Llega tu madre y te dice:

–¿Tú le has quitado a la abuela el... «juguetito alargado» que tenía en la mesilla de noche?

Y tú:

–Nooooooo.

Y ahí es cuando tus padres también dejan de confiar en ti.

Y una vez que se pierde la confianza, ya no se recupera nunca. Diez años después, llegas a casa borracho y le dices a tu padre:

–No es lo que parece. Me ha sentado mal la cena. No vuelvo a mezclar comidas.

Y tu padre:

–Venga, hombre, dime la verdad, que no me voy a enfadar...

¡Pero tú ya no picas...! Necesitas una garantía firme, así que le dices:

–¿Me lo prometes?

–Sí, te lo prometo...

–Bueno... pues... sí, he bebido un poquito...

¡Toma hostión!

Pero tu padre no es el único; tu madre tampoco se fía: un día te vas a ir de viaje con los amigos, ¿y qué te dice tu madre?

–¿Vas a coger el coche? No se te ocurra conducir, ¿eh? ¡Vete en autobús...!

¡Confía más en un extraño que en su propio hijo! Pero, vamos a ver, ¿no se da cuenta de que el conductor del autobús también tiene madre y le habrá dicho lo mismo?

Y es que llega un momento en que la gente sólo se fía de los desconocidos: no le dejas a tu hermano mil pesetas porque no te fías de que te las devuelva, y luego llegas al banco con tu sueldo del mes y se lo das a un tío que no conoces de nada, ¡y que está metido en una celda...! Llevas veinte años en la oficina con los mismos compañeros y cierras el cajón con llave y le pones clave al ordenador; y luego, vas a la playa, y a cualquiera que te toque al lado le dices:

–¿Me vigila las cosas mientras me baño?

Y ya, el colmo es cuando vemos un arroyo y un cartel escrito a mano con un rotulador gastado: «Agua potable». ¡Y nos fiamos! Aunque esto, luego, es verdad... es potable: te la bebes... ¡y potas!

También hay gente que no se fía ni siquiera de los desconocidos, ¡pero es porque creen conocerlos! Alguien les pide dinero por la calle y piensan: «Huy, yo no le doy... que lo quieren para gastárselo en vino...». Y a mí me hace gracia, porque ésta es la misma gente que luego, cuando pasan el cepillo en misa, ¡bien que echan! ¡Y están viendo al cura metiéndose el lingotazo!

De quien no te puedes fiar, por muy poco que las conozcas, es de las mujeres. Una noche, en una discoteca, te dan su teléfono, y al día siguiente, cuando las llamas, ¡es el teléfono de CCC! Que tú piensas: «Coño, me tenía que haber dado cuenta cuando me dijo: "Sí, claro, mira, apunta: es el 902 20 21 22". ¡Y yo que pensaba que me lo decía cantando de lo contenta que se había puesto!».

En fin, yo desde luego, si algún día tengo un hijo, no pienso defraudar su confianza como hicieron conmigo. Aunque mi padre, con los años... no sé, se está ablandando. El otro día me dejó su coche y le hice un rayón, y claro, se lo tenía que contar. Así que me lo llevé de copas, y allí, entre cubata y cubata, le digo:

–Papá, oye..., tengo que decirte una cosa.

–Pues venga... hombre, adelante... que hay confianza.

–Es que... me han rayado un poco el coche.

Y me suelta:

–¡Bah...! ¡Hombre, qué más da...! ¡No pasa nada...!

Y los dos allí de risas y tal... Y me dice:

–Por cierto, aquí, entre nosotros... Fuiste tú quien le quitó el consolador a la abuela, ¿verdad?

–¡Síiii!

¡Toma hostión!

El síndrome del nido vacío

El hombre de mi vida me ha dejado.

Después de treinta años de desvelos, de darlo todo por él, de esperarlo despierta cuando salía con los amigotes, se ha ido de casa. Y no es que se haya ido con otra, que eso lo entendería... No, encima tiene la poca vergüenza de decirme:

–Mamá, es que necesito espacio... ya soy mayor...

¡Mayor! Pero ¿dónde va esa criatura con treinta añitos...?

Ahora, que yo se lo he dicho, ¿eh?:

–Parece mentira, dejarme tan pronto, hay que ser mal hijo...

Y me dice:

–Pues Jesucristo se fue de casa con treinta...

–¡Y mira cómo acabó! ¡No llegó a los treinta y cuatro!

En fin... Ya lo voy llevando mejor... Pero el día que se fue, yo creí que me daba algo. El niño allí, recogiendo sus cositas. Cuatro chorradas, porque... ¿qué se va a llevar el pobre, si no tiene nada suyo? Pues todo lo nuestro.

Pero fui yo la que se lo dije:

–Anda, tonto, llévate la tele pequeñita... y la minicadena... y el DVD... y ¡la lavadora!

Pero es más bueno... Ahí ya me dijo:

–No, mamá, la lavadora, no... que no tengo ascensor. Ya me la traes tú cuando vengas a verme.

¡Mi niño! Menos mal que no tengo tiempo de pensar en él, porque estoy todo el día ocupadísima haciendo croquetas para mandárselas. Que si no, se pasa la vida llamando a Telepizza. Y cuando estoy liada en la cocina, mi marido viene por detrás, como un niño chico, a robarme las croquetas... Y yo:

–¡Deja eso ahora mismo! ¡Que son para el niño!

–¿Y yo qué ceno?

–¡Pues yo qué sé..., coño! ¡Llama a Telepizza!

Pero luego me da una pena, el pobre... que, al final, siempre le digo:

–Andaaa... déjalo... Ya llamo yo: ¿margarita o cuatro quesos?

Bueno, y me he comprado un móvil, que puedo hablar con el niño el tiempo que quiera por cinco duros... Eso sí, sólo podemos hablar de ocho a diez, como en la cárcel...

Pero, a veces, no aguanto más y lo llamo fuera de horario, a escondidas de mi marido. Que parece que tengo un amante:

–Cariño, te tengo que dejar, que ha llegado papá...

Y cuando mi marido me pilla:

–¡Ha llamado él, ha llamado él! Venga, rey, anda, no seas bobo... ya te llamo yo luego... Huy... qué mimoso está... Éste en dos días está aquí, ¿eh?, Manolo...

Pero, por fin, cuando dan las ocho, y ya puedes hablar con él, libremente, de todas vuestras cosas...

–Hola, lechoncito, soy mamá... ¿Qué tal el día?

–Bah...

–¿Qué haces?

–Pssss...

–¿Has cenado ya?

–Pschá...

–Bueno, no tienes ganas de hablar, ¿no?

–Bah...

–Bueno, pues adiós. ¡Manolo, el niño me ha colgado el teléfonoooo!

Y mi marido:

–Cariño, es que te pones muy pesada...

–¡Ahhhh! ¿Pesada yo? ¡Pesada tu madre, que hay que ir todos los años a ponerle flores!

Al principio no te atreves a tocar nada de su habitación, porque tienes la esperanza de que tu hijo se dé cuenta de que no puede vivir sin ti y vuelva. Pero la semana pasada... abrí los ojos. Le llamo, y me sale una voz de mujer:

–¿Diga...?

Y colgué inmediatamente. Volví a marcar... y ya me sale el niño. Y le digo:

–Oye, ¿quién era ésa?

Y él:

–Una amiga.

–¡Ay, menos mal! Creí que era otra madre... Bueno, ¿y qué estáis haciendo?

Y él:

–Pues nada, comiendo...

–¡Ah, muy bonito! ¡Yo todo el día encerrada en la cocina para que venga una guarra cualquiera a comerse mis croquetas!

Y él:

–No, si ella no come, no le gustan...

–Ah, no le gustan... Mírala, qué fina...

Ahí me enfadé tanto que decidí hacerle caso a mi marido y convertir la habitación del niño en el cuarto de la plancha.

Y me pongo allí a organizar el altillo... sus libros,

sus cómics, sus revistas porno... Y de pronto, me dije: «A ver si las va a necesitar...». Claro, porque cualquier pretexto es bueno para ir a ver a tu hijo...

Pero, de repente, encontré la excusa perfecta: su ajedrez del centenario del Real Madrid. Con el sacrificio que hizo para reunir las piezas, ¡que estuvo un mes comprando *La Razón*...! Así que al día siguiente le llevé un peón... Al otro, un alfil... Al otro, una torre... Y él:

–Pero ¿no me puedes traer todas las fichas a la vez?

Y yo:

–Ah... es que como te hizo tanta ilusión reunirlas por entregas...

Y mi marido se hace el duro, pero también tiene sus sentimientos, ¿eh? El otro día fui yo quien le pillé a él hablando con el niño fuera de horario, y con una voz de angustia le decía:

–Hijo mío..., ¡mándame una croqueta...!

Ahí me di cuenta de que me estoy pasando... Que hay un montón de experiencias nuevas que vivir con mi marido. Así es que voy a empezar a disfrutar de esta segunda luna de miel. Voy a ver si lo animo, y nos vamos juntos a... llevarle la lavadora al niño. Y así, el pobre prueba las croquetas, que está tan flaquito que parece que el que se ha independizado es él.

Ser abuela

Dicen que con los nietos se disfruta más que con los hijos. Y es verdad. Vamos, yo, de hecho, cuando se los llevan de casa disfruto muchísimo. Porque ser abuela es como ser camarero de discoteca. Mientras los demás se divierten, tú estás rodeada de niñatos que mean y vomitan por todas partes. Bueno, es peor, porque a los nietos no les puedes prohibir la entrada por ir con patucos blancos.

Y es que cada vez que los padres quieren salir, les cargan los niños a los abuelos. Yo creo que la mejor forma de encontrar a Bin Laden es invitar a sus hijos al cine y seguirles para ver dónde dejan a los niños.

Yo tengo tres nietos. Uno de quince meses meses, que se llama Naim Thomas... Sí, han leído bien. Naim Thomas. Luego está Nuria, de seis años, que es tan dulce... que me sube la diabetes. Vamos, es más insoportable que los de *Ana y los siete,* Ana incluida. Y luego, Javi, que está en camino... en camino de que le parta la cara por gilipollas. Tiene diecisiete años, el cuerpo de Fernando Romay y el cerebro de... Fernando Romay.

Cada vez que vienen a pasar la noche, aquello es una auténtica invasión. El otro día llegaron mi hijo y mi nuera, que parecían los *sherpas* de Isabel Preysler: biberones, pañales, tetinas, la Maxicosi, la PlayStation, la cama del mayor, que, si no, extraña... Vamos, que yo pensé que me los iban a dejar allí para siempre. De hecho, le dije a mi nuera:

–Ya que me los voy a quedar, ¿puedo cambiarle el nombre al pequeño?

Lo primero que hacen al llegar a casa es montar el circo.

Mi nuera:

–Naim Thomas, Naim Thomas..., enséñale a la abuela cómo hace el perrito. Huuuy... ¡qué rico! ¿Y cómo hace el oso? ¡Huy, qué mono...! Venga, Amparo, pídele que te haga algo...

Y yo, por joder, le digo:

–¡A ver, niño, hazme el centollo!

Y todo el mundo allí, encantado con el niño:

–¡Bieeeeen!

Y, de pronto, mi nieta de seis años empieza a mover las manos de una forma muy rara:

–¡Mira, mira, abuela!

Y yo le digo a mi nuera:

–Oye, esta niña ya tiene edad de saber aplaudir, ¿no? ¿Esto lo sabe el pediatra?

–¡Mujer, que te está bailando el *Aserejé*!

–¡Aaah...! Ya... Pero... ¿lo sabe el pediatra?

Ahora, en cuanto se van los padres, les pones las cosas claras:

–En la nevera hay comida, y en el salón, enchufe para la PlayStation: la abuela se va a misa.

Y salta el de diecisiete:

–Abuela, ¿puedo ir a misa contigo?

Y yo:

–¡Jooooder! A ver, chaval... ¿si te doy la paga ahora me dejas en paz?

Y él:

–Abuela, no seas así…, que me hace ilusión ir a misa contigo…

Que ahí ya… le dices:

–Mira, no hace falta que vengas, la hostia te la doy aquí.

Se pone tan pesado que al final tienes que llamar a tus amigas:

–Oye, que no puedo ir al bingo.

Yo estoy segura de que la película de *La gran familia* estaba censurada, y que Pepe Isbert no perdió a Chencho, ¡lo abandonó a conciencia!

Pero cuando te mentalizas de que te tienes que quedar, aprovechas para sacarle partido. Te vas a la niña y le dices:

–Cariño, ¿quieres un Kinder sorpresa?

–Sí, por favor…

–Vale, pues dime una cosa… ¿Qué dice mamá de la abuelita cuando la abuelita no está delante?

–Que eres una arpía. ¿Qué significa?

Que tú piensas: «Pues significa que tu madre es un zorrón». Pero no se lo vas a decir, claro. Eso sí, no le das el Kinder.

Y lo peor es que no hay forma de meterlos en la cama. Naim Thomas venga a berrear…; el mayor, pegado a la PlayStation:

–Espera, espera, abuela…, que estoy a punto de matar al malo…

Y la niña:

–¡Abuelaaaaaa, cuéntame un cuento…!

Yo lo que hago es intentar colarle en los cuentos mensajes subliminales. Por ejemplo, le cuento *Caperucita,* y luego le digo:

–A ver, ¿cuál es la moraleja?

Y la muy repelente me suelta:

–Que hay que hacer caso a los papás.

Y yo:

–No, cariño, la moraleja es que si Caperucita no hubiera ido a ver a la abuelita, la abuelita todavía estaría viva.

Pero aún no has acabado con ella y ya está Naim Thomas berreando otra vez… Vas a buscarlo y todavía está el mayor pegado a la PlayStation:

–Espera, abuela, espera… que está a punto de morir el malo…

Estás dos horas con Naim:

–Venga, venga… hala, ya está, ya está…¡ya está la abuela hasta los cojones!

Y cuando a las tres de la mañana consigues dejarlo dormido y sales de la habitación, allí sigue el «tontolaba» con la PlayStation; que ahí ya le dices:

–Pero ¿a qué estás esperando? ¿A que el malo muera de muerte natural?

Pero es que a las siete de la mañana ya te estás despertando con los berridos del pequeño, que te acuerdas de la madre que lo parió… Y te dices: «Pues la voy a llamar. Si yo no he dormido en toda la noche, vosotros no vais a dormir en toda la mañana».

–Hola, ¿cómo estuvo la fiesta? ¿En un garaje? ¡Huy, qué elegancia! Bueno, vale, vale… luego hablamos…

A la media hora:

–¿Cuándo vais a venir? ¿Cuándo es luego? Bueno, adiós…

A las ocho y cuarto:

–Escuchad, escuchad, Naim ha aprendido una palabra nueva. Venga niño, di «garrafón».

Con esta técnica, a lo mejor consigues que a las seis o siete de la tarde vengan a por ellos. El caso es que, cuando vienen, te entra angustia. Porque ha pasado una noche, pero a ti te ha parecido toda una vida. Y cuando llega el momento, parece que los estás dando en adopción:

–A la pequeña le gustan los Kinder, procurad que no le falten... Y el mayor... el mayor os parecerá tímido al principio, pero enseguida os daréis cuenta de que en el fondo... es tonto.

Y cuando ya se están marchando, te asomas a la ventana y les gritas:

–¿Y os acordáis de que iba a cambiarle el nombre al pequeño? ¡Ahora se llama Amparo, como su abuela!

Pareja y relaciones de pareja

La novia de mi mejor amigo

Si hay algo indigno, algo realmente miserable, es traicionar a un amigo. Tú tienes un amigo, confías en él a muerte, le presentas a tu novia, que es tu mayor tesoro, y él va... y se enamora de ella. Pues eso es lo que me ha pasado a mí. Que me he enamorado de la novia de mi mejor amigo. Y, claro, no puedo decírselo a nadie. Enamorarse de la novia de tu mejor amigo es como... tener hemorroides, se sufre en silencio.

Y que conste que yo no quería. Pero un día me la encontré en el gimnasio. Estaba yo haciendo pesas y, de repente, apareció ella con una camiseta por aquí y un pantaloncito por acá...

–Hola, Santi... Me he apuntado a aeróbic...

En ese momento solté las pesas y dije:

–Yo también.

¿Se lo imaginan? Yo, allí, con un maillot malva metalizado... Y todo el mundo: «¡Arriba, abajo! ¡Arriba, abajo! ¡Derecha, derecha...!». Total, que yo estaba más perdido que el mando del vídeo. Así que tuve que tomar como punto de referencia el culo de Mari... Y todo el día detrás de ella... «Uno, dos, uno, dos...». Y el monitor:

–¡Chicos, poneos por parejas para hacer los estiramientos!

«¿Estiramientos? ¿Más?»

Pero cuidado, que yo no soy un superficial... Lo

que realmente me enamoró no fue su cuerpo; fue el *piercing* del ombligo. Si yo fuera Dios, haría mujeres con el *piercing* de serie. Cientos de mujeres con *piercings* en el ombligo... Es más, haría a las mujeres con dos ombligos... ¡Ay, ese *piercing* con esa bolita chiquitita... colgando sobre la barriguita...! Para que luego digan que a los tíos sólo nos importa un buen culo y unas tetas grandes. Pues no, los tíos actuales valoramos los pequeños detalles.

¡No me la puedo quitar de la cabeza! Pero ¿cómo me la voy a quitar? Si cuando no estoy con ella, estoy con mi amigo, que no para:

–¿Has visto qué maravillosa es Mari?

–Sí, sí...

–¿Has visto lo guapa que es Mari?

–Sí, sí...

–¿Has visto el *piercing* de Mari?

–Sí, sí... digo... no, no...

Pues claro que lo he visto, ¿no te jode? Si no, ¿de qué iba a estar yo haciendo el gilipollas en el gimnasio, con mi malla malva y mis calentadores fucsia? ¡Que si no fuera por lo mal que combino los colores, pensarían que soy gay!

Y cuando no estoy ni con ella ni con él, ¡estoy con los dos a la vez! Y se pasan todo el rato achuchándose y mirándome con lástima:

–Hay que buscarle una novia a Santi...

Y yo:

–No, no, paso de tías...

Y Mari:

–¿Pasas de tías?

–No, no es que pase, es que ahora estoy muy centrado... en el aeróbic.

–Ya, ya...

Pero yo no sé qué pensar, porque luego... cuando estamos ella y yo, a solas, en el gimnasio... hay una química brutal... ¡A los dos nos gusta el Aquarius! Bueno, a mí no, pero... mezclándolo con J&B y sin respirar... ya no lo vomito. Y hay más: cuando me ve, me da palmaditas ¡en el culo! Coño, que hay que tener cuidado, que los hombres tenemos ahí... el punto G.

Pero ya lo definitivo fue el otro día, que estábamos los dos en clase, sudando, jadeando... y me dice:

–Santi, ¿puedo decirte algo muy íntimo?

Y yo:

–¡Síiiii!

–Tienes un moco aquí.

¡A ver qué mujer se fija en eso si no está loca por ti!

Pero, a pesar de la evidencia, seguía sufriendo en silencio... Hasta que va mi amigo y me dice:

–Tío, creo que Mari es la mujer de mi vida. Estoy pensando que eso de casarse... no está tan mal.

–¿Casarse? ¿No decías que eso era un invento de la Iglesia? ¡Es que algunos cambian de opinión muy alegremente. Es como si Bisbal se pasara a la canción protesta!

Ahí ya me dije: «¡Este tío no es tan amigo mío! Es un conocido... de hace veinte años. Y una vez me quitó una novia... en tercero de EGB. Y eso me convirtió en un adolescente conflictivo... me hice fan de los Pecos. ¡Y además, coño, que esto de la amistad está sobrevalorado! Sí, de acuerdo, este tío me ha donado un riñón... ¡Pero porque tenía dos!».

Así que la llamé:

–Mari, tengo que hablar contigo.

Y ella:

–Yo también. A las seis en el bar Paco.

Y cuando llegamos allí, me susurra:

–Mira, lo que te voy a decir puede ser difícil para ti, porque... eres el mejor amigo de Javier...

Y yo:

–Bueno... tiene más, ¿eh? No dramaticemos...

Y ella:

–Yo no sé qué vas a pensar de mí, pero... yo no puedo ocultar más mis sentimientos.

Y yo:

–Ya, mujer, estas cosas pasan... No es culpa de nadie.

Y, entonces, ella me mira superemocionada y me dice:

–¿De verdad? ¡Ay...! Es lo que tenéis los gays, que sois tan sensibles...

Y yo:

–¿Qué?

Y, de repente, aparece un pedazo negro, y me dice ella:

–Te presento a Norongoro, mi nuevo novio. Juega en el Málaga. No te vayas a hacer ilusiones con él, ¿eh?

Y encima me ha tocado quedar con mi amigo... para animarlo. Y el tío, todo el rato:

–¿Cómo es posible? Yo pensaba que me quería.

Y yo:

–Yo también.

–No va a encontrar a otro que la quiera más que yo...

Y yo:

–Lo tiene negro...

Pero lo peor de todo es que encima me dice:

–Joder, Santi, qué buen amigo eres: ¡lo estás pasando peor que yo!

Me he enamorado de un compañero de trabajo

¿Ustedes saben por qué hay huelgas? Porque no hay amor. Fíjense en mí: soy una mujer que curra doce horas al día, que cobra una miseria y que tiene la oficina a cincuenta kilómetros de su casa... ¡Y soy feliz! ¿Por qué? Porque me he enamorado de un compañero de trabajo.

Antes ni me duchaba por dormir diez minutos más. Y, ahora, a las seis y media ya estoy arreglada. Me tengo que decir: «Tranquila, mujer, que hasta las nueve no entras. Aprovecha y hazte la cera... por cuarta vez».

Se llama Jaime, y trabaja en el departamento de administración y nóminas. El caso es que yo no sabía que me gustaba, hasta que, hace un mes, fui a recoger la nómina, estuve hablando con él, y cuando me voy, me dice una compañera:

–A ti te gusta Jaime...

Y yo:

–¿Sí? ¿Tú crees? Pues... oye, a lo mejor sí que me gusta. Porque, ahora que lo pienso..., siempre estoy deseando que llegue el día de ir a cobrar... Y por la mierda de sueldo que gano no puede ser...

El caso es que me fui a casa dándole vueltas y no pude quitármelo de la cabeza en toda la noche. Así que, al día siguiente, me inventé una excusa para subir a verle. Cuando llegué, estaba tan liado con un balance que ni me vio. Y yo buscando una frase para impresionarle:

–Vaya... por tu letra se ve que eres... zurdo.

Y él:

–Hombre, Carmen... ¿Qué haces por aquí? ¿Algún problema con la nómina?

Y yo...

–No... no... es que como tú entiendes de números... te quería preguntar, eeeh... ¿Qué es mejor, *Rambo II* o *Rambo III*?

Después de preguntar esa gilipollez, me dije: «No cabe duda, estoy enamorada».

Y enamorarse de un compañero de trabajo es superestresante. Siempre trazando planes, estrategias... Antes, la jornada se me hacía eterna. Ahora no tengo tiempo de nada, estoy superocupada haciéndome la encontradiza. Voy tanto a por café que parezco la burra de Juan Valdés.

Pero cuando te enamoras de un compañero, haces más cosas absurdas. Por ejemplo, utilizar claves secretas para comunicarte... contigo misma. Te pones en los *post-it* mensajes como: «Acordarme de "eso"», o escribes cosas como «Prejaipica». Si esta clarísimo... «Pre-jai-pica»: «Preguntarle a Jaime si es Piscis o Capricornio».

¡Y lo histérica que te pones cuando te dicen que va a haber recorte de personal! Tú, ahí, rezando para que no le toque a él. Hasta que por fin te enteras de que a quien han echado es a un señor de cincuenta y cinco años con siete hijos y entonces ya... te quedas más tranquila.

Pero lo peor de todo... ¡es que le coges asco al fin de semana! Que llega el viernes y dices: «¡Dios mío, dos días sin verle!». Bueno, ¡y los puentes ya...! Te preguntan tus compañeros:

–¿Tú qué vas a hacer en el puente?

Y tú:

–Pues ¿qué voy a hacer? ¡Joderme!

Pero, por fin, el otro día, estaba yo allí, en mi mesa, superliada, haciéndome una pulsera de clips, y de pronto me llega la nómina, la abro... y veo que me faltan por lo menos 300 euros, y yo: «¡De puta madre! ¡Una excusa para ir a verle!».

Y me dice mi compañera:

–¡Tíííííaaaaa! Lo ha hecho aposta, para que vayas... Ése quiere algo...

–¿Tú crees?

–Tía, cómo puedes estar tan ciega...

Y yo toda nerviosa:

–¡Aaah...! Tengo que ir a su mesa... ¡Ay, Dios mío...! ¿Qué me pongo?

Y mi amiga:

–Toma, ponte mis pendientes de plata, que te hacen juego con la pulsera de clips.

Total, que subo a verle:

–Jaime, mira... Creo que ha habido un problema con mi nómina...

Y él:

–A ver... Ah... no, te explico: es que tenías el IRPF muy bajo y ahora te ha subido. Y sumando las contingencias comunes a la base imponible, el líquido a percibir es... lo que figura.

–Aaaaaah... ¿ves? Lo que yo decía... Era por confirmar...

Bajo a mi mesa y me pregunta mi amiga:

–¿Qué ha pasado?

–Pues nada, tía... Me ha subido el IRPF.

–Jo, qué enrollado el tío, ¿no?

–Y me ha dicho no sé qué de contingencias comunes...

–Coño... «contingencias comunes»... ¡Te estaba invitando a salir, tía! ¿Y qué más te ha dicho?

–Que tiene un líquido... y que lo tengo que percibir...

–Pues hija... ¡más claro, agua...! ¿Y tú no le has dicho nada? Se habrá quedado supercortado... Tienes que mandarle un mensaje para quedar. Venga, yo te dicto: «En relación a su propuesta de mantener contingencias comunes, le comunico mi conformidad con que ingrese su líquido a percibir... en mi cuenta».

Yo no me enteré de nada, pero... ¡lo que sabe mi amiga! Porque, al rato, me llama Jaime por teléfono y me dice:

–Vale, el sábado a las ocho.

Estoy más emocionada... Sólo espero que lo de «líquido a percibir» no signifique que las copas las tengo que pagar yo.

El hombre perfecto

He encontrado al hombre con el que soñamos todas las mujeres. El hombre perfecto. Y ahora que lo tengo... no sé qué hacer con él. ¡Es demasiada responsabilidad! Es como tener una cámara digital con autofocus y *zoom* incorporado... Que si la foto sale mal, ¡está claro que es culpa tuya!

Porque él es comprensivo, sensible, detallista... lee el *Cosmopolitan*... ¿Qué digo «lee»? ¡Lo subraya! La verdad es que es maravilloso. Para empezar, recuerda todas las fechas... Y cuando digo todas, es todas: me mandó flores el día que hicimos una semana, el día que hicimos un mes, el día de mi cumpleaños, el día de mi santo, el día de la mujer trabajadora... ¡Que tengo la casa que parece la tumba de Lady Di!

Bueno, y cada vez que vuelvo de la peluquería... ¡él lo nota! Se me queda mirando y me dice:

–Cariño..., tú te has saneado las puntas...

¡Es que se fija en todo! Aunque esto tiene sus problemas... Me alaba tanto la lencería que luego no tengo valor para ponerme bragas normales. Vamos, que el tanga me está haciendo una fístula.

Y, sobre todo, no me lleva nunca la contraria: estoy hasta los cojones de ir a ver comedias románticas. Por no hablar de cuando vamos de compras... Oye, ¡que le pone interés! Le pone tanto interés que me agota... Yo destrozada, y él:

–Venga, cielo, sólo una tienda más...

Y yo:

–No, de verdad que éste me gusta...

Y él:

–Jo, eso lo dices para que nos vayamos...

Por no hablar de lo humillante que es salir con el hombre perfecto: no bebe nunca; con lo cual, yo parezco Massiel. Come menos que yo; con lo cual, yo parezco... Massiel. Y baila de puta madre, con lo cual yo parezco... Massiel.

¡Y encima está buenísimo! Yo, para arreglarme, necesito tres horas. Y salgo hecha un asco. Él, en cinco minutos, se ha duchado, se ha puesto perfecto y me ha limpiado el baño. Que entro yo pensando que me lo voy a encontrar todo hecho un desastre... y me lo encuentro impoluto... Que me dan ganas de decirle: «¡Pero bueeenooo! ¡¿Dónde me has puesto los pegotes de maquillaje que había dejado yo aquí, en el lavabo?!».

Oye, ¡que no hay forma de enfadarse con él! No saben cómo echo de menos esas reuniones con mis amigas, poniendo verdes a nuestros novios... Ahora ya ni voy. ¡Para no poder ni abrir la boca...! El otro día fuimos a cenar a casa de unos amigos y ellos se pusieron a discutir. Y yo le dije a mi novio:

–¡Ayyy... qué bonito! Cariño, tú y yo nunca hacemos esas cosas...

¡Sólo una vez creí que íbamos a discutir! Llego a casa y me pregunta:

–Cielo... ¿Tú has metido en la lavadora tu tanga rojo con mis camisas blancas?

Y yo:

–¡Sí!

–¡Pues se ha desteñido todo!

Y yo:

–¿Sí? ¿Y estás enfadado?

–¡Pues sí! ¡Con Balay!

Ay... qué desesperante. ¡Lo distinto que era todo con mi ex! Recuerdo una vez que le dije:

–Ay, cariño. Me veo gorda.

Y él:

–No te preocupes, tonta... eso le pasa a todo el mundo.

–¿Todo el mundo se ve gordo?

–No, que te ven a ti.

Pero cuando ya toqué fondo con mi «hombre ideal» fue un domingo que estaba yo ahí tan tranquilamente tirada en el sillón, viendo la tele, y llega él, me arranca la manta y me dice:

–¡Venga, arriba, cariño...! ¡Tengo entradas para llevar a tu madre a Expo-mascota!

–Ay, cielo, déjalo... Si no te la va a comprar nadie...

Yo ahí ya me dije: «Tanta perfección no es normal». Y desde entonces le estoy provocando, a ver hasta dónde aguanta. El otro día estábamos viendo la final de la Champions League y de repente... agarro el mando, hago «clic» y pongo *Gente.*

–¿Qué? ¿Te jode?

Y va y me dice:

–No, cielo, no te preocupes... si los penaltis son una lotería...

¡No puede ser! ¡Aquí hay gato encerrado! ¿Qué hace conmigo un tío tan maravilloso? Y me puse a darle vueltas: «A ver, la nacionalidad la tiene... Por dinero, tampoco puede ser, porque con lo que le debo al banco... ¡a quien debería ligarse es al director...! ¡Oye! ¡A ver si va a ser gay!». Porque ahora que lo pienso... cuando vemos una tía buena, le saca los defectos antes que yo... Tú le dices:

–Joder, mira qué guapa Cindy Crawford...

Y te contesta:

–Sí, pero... tiene los tobillos gordos.

Aunque por otro lado... ¿Cómo va a ser gay? Si es una máquina en la cama. Nos pasamos seis horas haciendo el amor. No sabéis lo que aguanta. Tengo que esperarle yo a él... ¡Que estoy cogiendo complejo de eyaculadora precoz!

Bueno, y no os creáis que luego se pone a roncar. Me da una conversación... Que si me ha gustado, que si le quiero, que si quiero otro... Que al final le tengo que decir:

–¡Cariño, lo que quiero es dormir!

Mira, yo ya no podía soportar tanta perfección, así que la semana pasada hablé con él:

–Cariño, así no podemos seguir. O cambian las cosas, o lo dejamos.

Y se está esforzando, ¿eh? El otro día salió con los amigotes, y cuando llega a las cuatro de la mañana, me despierta y me susurra al oído:

–Cariño, cariño... quítate las bragas...

Y yo toda emocionada:

–¡Huy...! ¿Qué te pasa?

Y él:

–Que voy a poner una lavadora.

Deporte con mi novia

Aclaremos conceptos: una cosa es estar enamorado y otra cosa es ir a jugar al tenis con tu novia. ¿Saben por qué hay tan pocas competiciones mixtas? No es por las diferencias físicas... ¡No señor! ¡Es porque las mujeres tienen sus propias reglas! Tú llegas a la pista de tenis, te colocas, ella saca una vez, falla, vuelve a sacar, vuelve a fallar... y entonces dice:

–No vale, no vale, saco otra vez. Ésta no valía porque la raqueta no ha tocado la pelota.

Mi chica siempre tiene alguna excusa: «¡No estaba preparada!» o «Es que esta raqueta me va grande», y la que más me alucina: «Es que si me miras, me desconcentras».

Que si la miro la desconcentro... ¡Pues que juegue con el Dioni...!

El caso es que cuando por fin consigo hacerme con la pelota –por supuesto, yendo a buscarla, porque es imposible que la pelota pase a mi campo– saco, se la tiro con dulzura, como un globito... Y entonces ella va y me grita:

–¡Joder, tíramela normal...!

Entonces hago un saque normal y:

–¡Joder...! ¡Qué bestia! ¡Tiras a dar...! ¡Parece que te fastidie jugar conmigo!

Y luego hay una cosa que no falla: en el momento en que la pelota se ha ido a tomar por culo, y tiene que ir ella, es el momento en que dice:

–Ya no quiero jugar más.

–Pero ¿ya te quieres ir? Si he pagado dos horas de pista...

–Vale, pueeees... Tú pelotea, que yo te miro.

¡Y se sienta en una esquina a hablar por el móvil!

–Pues nada, aquí... jugando al tenis con éste...

Pero con el deporte que realmente hago ejercicio es con el ping-pong. Porque jugar al ping-pong con tu pareja es algo así: tú sacas: ¡pin! ¡tac... tac, tac, tac, tac! ¡pin! ¡tac, tac, tac, tac...! y ¡pin!; y ella:

–¡Joo, es que la mesa es muy pequeña! ¿Por qué no jugamos al squash, que la pelota no se escapa?

Ahora, lo que peor llevo es lo del futbolín. Vamos a ver: ¿por qué a las chicas les gusta tanto darle vueltas al mango? Tú ahí, con tus toques de muñeca, cubriendo el hueco... y llega ella y se pone a hacer el molinillo... ¡Y claro, la jodida mete gol! Y encima empieza a gritar como una histérica por todo el bar:

–¡Soy Camacho! ¡Soy Camacho!

Y tú:

–¡Pero si no vale...! ¡Cualquier tío sabe que eso no vale! Ahora, lo que de verdad me hace echarme a temblar es cuando después de una barbacoa con los amigos, los chicos decimos que vamos a echar un partido de baloncesto y ellas dicen:

–¡Nos apuntamos, nos apuntamos! ¡Esperad un momento que Mari Mar está haciendo pis!

Y es que cuando juegas al baloncesto con ellas, se pueden oír frases tan inauditas como:

–¡A mí no me paséis!

Y después de todas estas cosas, uno se plantea: ¿por qué insistimos los tíos en hacer deporte con ellas? Pues para impresionarlas.

Como cuando le dices:

–Mira, mira... ¡Voy a aguantar la respiración debajo del agua! ¡Cronométrame!

Y cuando sales morado como una lombarda:

–¡Aaaaaaaahhhh! ¿Cuánto he hecho?

Y ella levanta la cabeza del libro y dice:

–¿Eh?

–¡Pero bueno! ¡Creo que había batido mi récord!

–¡Ay...! Pues... hala, cielo, métete otra vez a ver si aguantas hasta que acabe el capítulo.

Pero tú no te rindes... Tú estás enamorado y sólo quieres demostrarle que, aunque no lo parezca, llevas dentro un campeón; vais los dos en el patín de agua y, de repente, te lanzas al mar:

–¿A que te gano, yo nadando y tú en la barca?

Casi me muero de lo deprisa que le daba ella... Chaca, chaca, chaca... Nunca vi tanta crueldad en una persona. Ella me veía ahogarme y pedaleaba más... y yo la veía alejarse, cada vez más pequeñiiita, gritando:

–¡Soy Camacho! ¡Soy Camacho...!

Ahora, es peor cuando es ella la que elige el deporte. Un día viene y me dice:

–Cariño, ya sé cuál es el mejor ejercicio que podemos hacer en pareja... Mueves todos los músculos, sudas y, además, disfrutas... ¡los bailes de salón!

Así que nos apuntamos a un curso de bailes de salón. Que, por cierto, las tías, ¿para qué van? ¡Si ya saben! Porque tú ves que tu novia llega, y el primer día se pone a bailar de puta madre... y de una forma sexy que tú nunca habías visto... Claro, que tú también bailas de una forma que ella tampoco había visto nunca. Parece que te hayan llenado los calzoncillos de cemento Portland.

Y de repente ella me agarra por detrás:

–Venga, mueve la cintura... Jo, hijo, eres más soso que Zapatero...

Me suelta y se pone a bailar cada vez más lejos, y más lejos... Y yo detrás:

–Cariño, bailar de lejos no es bailar...

Y yo, disimulando, intentando arrimarme a alguna pareja para que no se supiera quién es el que sobraba de los tres. Pero todos huían. Y pasito a pasito consigo esconderme detrás de una columna. Y de pronto... noto que alguien viene por detrás y me agarra de la cintura... Me doy la vuelta y me encuentro a Oswaldo, el profesor. Un cubano de dos metros que me dice:

–¡Mueve tu cu-cu...!

Y yo:

–¿Mi qué?

–¡Mueve tu cu-cu...!

Y claro, tenía al tío tan pegado que pensé: «Pues claro que muevo el cu-cu, que si no, este tío me hace diana...».

Agarré a mi novia y le dije:

–Mira, vámonos a jugar al ping-pong, que si tengo que mover el cu-cu, prefiero moverlo recogiendo las pelotas.

La feria

Donde un hombre demuestra mejor su virilidad no es en la cama, ni montando una estantería, ni siquiera programando el vídeo... Donde un hombre demuestra que es hombre es... ¡en la feria!

La semana pasada fui con mi novio a una feria y descubrí que en las ferias hay cosas que sólo un *hombre* puede hacer. Por ejemplo, comer. Todo es chorizo frito, morcilla frita, churros aceitosos... Que cuando oyes el chirrido de la noria («chi... chi... chi...»), piensas: «Mira, ése debe de ser el único sitio de la feria que no tiene grasa».

Nada más llegar, mi novio arrasó con las existencias de Freiduría Mari Loli. Pero no se quedó satisfecho. Porque cuando un hombre es muuuuuy hombre, como mi novio, aún le queda hueco... para el algodón de azúcar.

Total, que nos fuimos a por el algodón, y paseando entre las casetas, te das cuenta de que la feria es el único sitio del mundo en el que puedes escuchar a todos los cantantes de Operación Triunfo a la vez. «Vas a volverme loca..., Ave María, ¿cuándo serás mía...?, Europe's living a celebration..., ¡Me gusta la Chochona! ¡Qué buena la Chochona!» Cuando oyes ésta te quedas: «Coño, ¿ésta quién la canta? ¿Verónica? ¡Pues no, es el tombolero! ¡Y sin pasar por la academia!».

Y es que ser tombolero es un arte: el tombolero es como un cantautor. La única diferencia es que se curra mucho más las rimas.

–¡La tómbola loca, la que siempre toca! ¡Le toca un purito, para el señorito; para la señora, una licuadora...! ¡Y al que tiene fe le toca un DVD!

Y mi novio, que es muy devoto, se para y dice:

–¡Psss, psss! ¡Jefe, diez cartones!

–¡Secretario, deprisita, diez cartones pa' la parejita!

En fin, que te gastas doscientos euros para conseguir un DVD marca Panamasonic que cuesta cien en el Carrefour y encima... ¡te toca!

¡Te toca ir cargando con el puto DVD por toda la feria! Claro, porque como los hombres necesitan los brazos libres para ir dándole a todos los *punching balls* que se encuentran...

Hasta que, de repente, mi novio se empieza a fijar en las chicas que pasan, y se me queda mirando con cara de espanto.

Y yo:

–¿Qué pasa? ¿Voy muy escotada? Si no se me ve nada, con el DVD...

Y él:

–¡No! Que eres la única que no lleva peluche... ¿Qué van a pensar de mí?

Porque lo que más humilla a un hombre no es un gatillazo en la cama. Es un gatillazo en el tiro al blanco.

Entonces te dice:

–Churri, ¡yo te consigo a ti un Pikachu!

Y yo:

–¿Y por qué no vamos mejor a...?

Pero él ya no te oye, porque tiene la culata de la escopeta pegada a la oreja. ¡Y el número que monta, que parece el asesino de Kennedy! Calibra la mirilla, expulsa el aire, se echa sobre el mostrador hasta que el cañón roza la sien del pato, dispara y... falla. Aunque, jolín... no es culpa suya... ¡con esas escopetas a Kennedy lo hubieran tenido que matar a collejas!

Después de hora y media, más disparos que en *Rambo III* y el pato intacto, le dices:

–Cariño, déjalo... Ya le has asustado bastante.

Y él:

–Nena, por favor. Esto es algo entre el pato y yo.

Y cuando ya te estás preguntando si podrá reintegrarse a la vida civil, ¡por fin le da! Y el del puesto:

–¿Qué quiere? ¿El Pikachu o la Chochona? Y él:

–¡El pato! ¡Quiero comprobar que está muerto!

Y yo:

–Bueno, amor, ya nos podemos ir a casa... ¿no?

Y me dice:

–¡Claro, como tú ya tienes tu Pikachu...! ¡Pero yo también me quiero divertir!

Cuando un hombre te dice en una feria: «Me quiero divertir», y ya se ha inflado a chorizo, tiene un DVD Panamasonic y ha matado un pato... ya sabes lo que te espera: los coches de choque.

Y allá que nos fuimos.

Ahí ya tuvo el detalle de cargar con el DVD. ¡Pero para que yo cargara el Pikachu de tres metros! Que no podía ni caminar... Iba mi novio delante, y detrás el Pikachu y yo, que parecíamos Lolita y Juan y Medio.

Y, claro, en los coches de choque tuvimos que coger dos coches. Uno para mi novio y otro para el Pikachu y para mí. Yo veía a mi novio supersuelto, haciendo pirulas por toda la pista, picándose con los macarras... de nueve años... Que yo dije: «Le van a dar una paliza... y le van a quitar el DVD». Y claro, quise ir a salvarlo, pero me pasé los veinte minutos p'alante y p'atrás, intentando sacar el coche de la esquina. Y el Pikachu no colaboraba nada. Yo no hacía más que darle vueltas al volante para un lado y para el otro. Porque para dar marcha atrás en los coches de choque no hay una técnica clara; simplemente, sucede, como... el orgasmo.

Y, de repente, veo que los macarras tienen a mi novio totalmente acorralado, y que se mete en la pista un tío lleno de cadenas y tatuajes que se va hacia él a toda velocidad. Que yo pensé: «¡Ya ha venido el cabecilla a rematarlo!». Vamos, yo ya estaba a punto de agarrar el Pikachu, saltar del coche y liarme a picachazos.

Pero no, resultó que el tío era el feriante y lo que hizo fue sacarlo de allí, conduciendo de pie, con una sola mano, y marcha atrás, mientras se encendía un cigarro... ¡Qué escena! Aquello parecía *Salvar al soldado Ryan*.

Le quedé tan agradecida al feriante que le hubiera regalado el DVD. Pero, jo, era tan cutre... que le regalé el Pikachu.

Vivir en trío

Yo entiendo que los guantes vayan de dos en dos, porque tenemos dos manos... O los calcetines, porque, te pongas como te pongas, tienes dos pies... Pero ¿quién ha decidido que las personas nos agrupemos por parejas, como los bueyes? ¿Por qué no de tres en tres?

Si nos organizáramos por tríos, todo serían ventajas: para empezar, se solucionaría el problema de la vivienda. Porque las casas se aprovecharían más. Y también sería mucho más ecológico, porque la lavadora siempre iría llena. Y, desde luego, más económico, porque no sobraría nada de la pizza familiar... Y lo mejor: ¡tendríamos dos suegras! Y coño, malo será que te odien las dos...

Y, además, vamos a ver: si para todas las situaciones que implican enfrentamiento buscamos el número impar –el Tribunal Supremo, el Consejo de Seguridad de la ONU, el jurado de Operación Triunfo–, ¿por qué para la mayor fuente de conflictos que existe, que es la pareja, nos agrupamos de dos en dos? Si nos agrupáramos por tríos, se acabarían las discusiones. Porque todo se resolvería por mayoría:

–Eres un egoísta.

–No lo soy.

Y el tercero:

–Es verdad, no lo es.

Se acabó.

¡Son todo ventajas! La única dificultad que yo le veo a esto de hacer oficiales las relaciones en trío es la Iglesia. Sí, porque ¿ustedes se imaginan lo eternas que se harían las bodas?

–Nancho, ¿quieres a Laura por legítima esposa? Y tú, Laura, ¿quieres a Felipe por legítimo esposo? Y tú, Felipe, ¿quieres a Laura por legítima esposa? Y tú...

–No, yo soy el padrino...

Claro que es verdad que habría que matizar un poco cómo se constituirían los tríos. No vale cualquier clase de trío. Que quede claro... Los tíos sabemos que el trío de puta madre es el de un tío y dos tías, ¿no? ¡Pues no, tío, no! En principio suena bien, pero... ¿Vosotros os habéis parado a pensar en las consecuencias? Imagínate que se te olvida el aniversario... ¡La bronca en estéreo!

¿Y lo del baño? Si ya es imposible entrar al baño viviendo con una, imagínate con dos. Tendrías que estar todo el día ahí, al lado de la puerta, para colarte entre una y otra. Acabarías haciendo tus necesidades en un cajón de arena, como los gatos. Y todavía te dirían:

–¡No has levantado la tapa de la caja!

Y luego... si ya es difícil arrancar a una tía de casa, imagínate a dos. Claro, porque cuando tu chica te dice:

–¿Cómo me queda?

Tú, por salir de una vez, le dices:

–De puta madre, cariño.

Pero imagínate que hay otra tía por medio:

–¡Ah! ¿Le queda de puta madre? Pues cuando me lo puse yo, me dijiste que me quedaba mal...

–¡Coño, y te cabreaste!

Y la otra:

–Ah, o sea que me lo has dicho para que no me cabree.

–No, cariño, te lo he dicho de verdad.

–¡Ah, a ella se lo has dicho de verdad...!

Al final conseguirías salir de casa, pero por la ventana.

Y lo peor de todo: si ya es humillante que te deje una piba, imagínate dos:

–Mira, Nancho... hemos pensado que ya no sentimos lo mismo por ti. Que te queremos... como amigo.

Y la otra:

–¿Que le queremos? Habla por ti.

Y, encima, volver a ligar es mucho más difícil. Si ya cuesta emborrachar a una, imagínate a dos...

Ya sé lo que me vais a decir sobre el trío con dos tías: «Sí, pero en la cama...». Pues mira, en la cama, la única ventaja que se me ocurre... es que, al acabar, se pondrían a hablar entre ellas y te dejarían dormir.

Aunque, pensándolo bien... Os imagináis de qué hablarían, ¿no?

–Pss, pss... Oye, ¿a ti te ha gustado?

–No sé, el pobre...

–Muy flojito, ¿eh?

–Tía, cuando me ha preguntado si gozaba, no me ha entrado la risa de milagro...

¡Sería horrible!

Lo que hay que hacer es organizar la sociedad por tríos de dos tíos y una tía. ¡Claro, hombre! Así, en la cama, aunque la dejéis a medias, entre los dos sumáis una... ¡Y ya habéis cumplido!

¡Trabajo en equipo! Y en la convivencia, ¡de puta madre también! Aplicando lo de la mayoría, siempre podríais ver el fútbol. Y cuando ella dijera:

–¿Se friega o qué?

–Yo voto no.

–Yo también.

No se friega.

Y lo mejor de todo: ¡los cuernos dejarían de ser un problema! Sí, porque imagínate que llegas a casa y están enrollados entre ellos. ¿Qué les vas a decir?

–¡Felipe, no me esperaba esto de ti...! ¡Con nuestra propia esposa...!

No tendría sentido.

Y en el caso de que alguno de los tres se enrollara con alguien de fuera del trío... pues mira, los cuernos se llevarían mejor: uno cada uno.

El divorcio

Lo estoy dejando.

No, el tabaco, no. A mi marido...

Bueno, lo estamos dejando los dos. De hecho, separarnos es lo primero que hacemos juntos en veinte años.

Aunque, para ser justos, hay que reconocer que la culpa no es sólo de mi marido. La culpa es de los dos: suya, porque es gilipollas, y mía, por no haberme dado cuenta antes. Porque lo de gilipollas no es de ahora, ¿eh? ¡Siempre ha sido un pedante...! Que de novios fuimos a ver *Grease* y, al salir, me dice:

–Me gustó más el libro.

¡Si es que es un fantasma! Cuando se hundió el *Prestige*, va y suelta, todo digno:

–Me voy a recoger chapapote...

¡Será cabrón, si no recoge ni la mesa! La recogió una vez, en el 76, y dijo:

–*Nunca mais.*

Y ya lo último fue en Navidad, que llamó al Telemaratón para apadrinar un niño, sólo por si se lo cogía Chenoa. Apadrinó a quince... Se lo cogieron todos los de *Operación Triunfo* menos ella.

Pero si será miserable que al día siguiente lo pillé llamando al banco:

–Si les llegan recibos del Tercer Mundo... ¡recháchenlos!

Ahí ya dije: «Yo a este tío no lo aguanto más. Se acabó».

Y es curioso: tú llevas diez años hablándote a gritos con tu marido, y en el momento que tomas la decisión de separarte, de repente, se vuelve todo cortesía:

–Cariño, tenemos que hablar...

–Tienes razón...

«¡Tienes razón!» Desde el 82 que no oías esa frase...

Y es que la decisión de separarse tiene un efecto mágico sobre las personas... A veces hasta te arrepientes. Porque uno no se da cuenta de todas las cosas que tiene en común con su pareja hasta que se divorcia... y tiene que repartirlas. La tele, el sofá, el vídeo... Ya entiendo por qué hay gente que pone las cosas por duplicado en las listas de bodas. Y ahora que lo pienso, la hija de Aznar puso cinco teles... ¡Hay que ver qué poca fe tiene esa niña en su matrimonio...!

Tú, al principio, intentas mantener el buen rollo, de verdad, pero es que te vas calentando...

Yo:

–¿Qué hacemos con la tele?

Y mi marido:

–Pues... quédatela tú, mujer.

Y yo:

–No, no, ¡faltaría más!

Y él:

–No, insisto.

–No, hombre, no, quédatela tú... que ver la tele es lo único que haces en todo el día...

Pero, de pronto, empiezas a pensar: «Al fin y al cabo... con este hombre he compartido la mitad de mi vida, y dentro de un mes ya no volveré a verlo más... ¡Coño, sólo tengo treinta días para putearlo!».

Lo malo es que él piensa lo mismo, así que tu casa

se convierte en la mesa de *Crónicas Marcianas*... Y pasa lo de siempre, que los que más sufren son los niños... los niños de mi vecino, que no pegan ojo en toda la noche con los berridos que damos. Bueno, en realidad la cosa no ha cambiado tanto. Es una cuestión de matiz; antes le gritaba: «¡Tigre, león, fiera...!». Y ahora le grito: «¡Perro, gusano, rata...!».

¡Joder, es que se lo está ganando a pulso...! El otro día coge los DVDs, y en vez de llevarse *Rambo* o *La chaqueta metálica,* para putear, empieza:

–Yo me quedo con *Memorias de África, Los puentes de Madison* y *Las cenizas de Ángela.*

–¡Y yo con las cenizas de tu madre, cabrón!

Y, claro, aprovechas el reparto de las cosas para ponerle a caldo:

–A ver, la enciclopedia: yo me llevo desde la A, de anormal, a la G de gilipollas.

Y él:

–Pues yo me llevo de la H de hijaputa a la Z de... la Z de...

–¡Zorra, imbécil, zorra! ¡Que te lo tengo que dar todo hecho...!

Y así todo el tiempo:

Él:

–Yo me llevo la bici.

Y yo:

–¿Sí? Pues yo me llevo el sillín, ¡y te metes la bici por el culo!

Cuando no hubo problema fue a la hora de ver quién se quedaba con el perro. Ese bicho asqueroso que lo llena todo de baba y de pelos... ¿no lo quería tanto? ¡Pues el perro para mí! ¡Que se joda!

Pero lo más complicado es el tema del piso. Porque el piso no lo puedes partir por la mitad, como la alfombra... (¡Es que era persa...!). Total, que tenéis que poner el piso en venta. Y la verdad es que lo de vender el piso te crea un dilema. Porque, por un lado, dices: «Huy, al precio que están los pisos me voy a forrar», pero de repente piensas: «Coño, ¡y él también! ¡No vendo el piso!».

Pero luego reflexionas: «Pobrecillo. Con la falta que le hace a él el dinero... para tirarlo en el bingo». Así que al final, lo pones en venta. Y es increíble. Tú estás treinta años viviendo con alguien, lleváis un día separados y ya no sabes ni qué decirle. Vais a enseñar el piso y estáis allí los dos solos, todos cortados...

Yo:

–Buenas tardes, ¿cómo le va?

Y él:

–Pilar, ¿por qué me llamas de usted?

–Ay, no sé, le veo tan mayor...

Y él:

–¿Qué tal el perro?

–Bien... El adiestrador dice que por ahora no le está afectando...

Total, que aparece la parejita y empezamos a enseñar el piso.

Yo:

–Mirad, éste es el dormitorio, apenas lo hemos usado...

Y mi marido:

–Éste es el baño...

Y yo:

–Cielo... déjame que lo enseñe yo, que tú no sabes dónde está la ducha...

Y mi marido:

–Permítanme que les enseñe el dormitorio de mi suegra. El acabado es perfecto... Como pueden ver, la cerradura está por fuera...

Y la parejita:

–¿A ti te gusta, cosita?

–A mí me encanta, bollito.

Y empecé a acordarme de cuando lo compramos nosotros. Que era sólo un agujerito en el suelo... que íbamos a verlo todos los días... su primer ladrillito, su primer muro de carga, su primera humedad... ¡que le salió antes que a ninguno! Me puse nostálgica y empecé a pensar en todos los años que hemos perdido discutiendo sin sentido. Miré a mi marido y le dije: «¡Ya no quiero divorciarme! ¡Quiero la nulidad!».

El amor en la tercera edad

La otra noche llego a casa y me dice mi novia:

–¿De dónde vienes a estas horas?

Y yo:

–Pues de por ahí, con los amigos, yo qué sé...

Y ella:

–¿Qué pasa, que no te acuerdas? ¿Qué vas, borracho?

¡La que me montó!

Sin embargo, ayer fui a visitar a mis abuelos, y cuando llega mi abuelo, le dice mi abuela:

–¿De dónde vienes?

Y mi abuelo:

–Pues de por ahí, yo qué sé... No me acuerdo.

¡Y mi abuela no se enfadó! Sólo dijo:

–Este hombre es un caso...

¡Y le puso un vaso de leche con galletas!

Eso es felicidad. Yo estoy deseando llegar a la tercera edad para tener una relación amorosa como Dios manda. Y es que yo creo que las relaciones de pareja sólo pueden funcionar cuando eres mayor, porque las tensiones, con el paso del tiempo, se van suavizando. Por ejemplo, a mí ahora me revienta que mi novia, en mitad de una discusión, se vaya dando un portazo. En la tercera edad eso te da igual, porque los portazos pierden su fuerza: «Ñiiick... ¡click!». Y, además, a los ochenta años, si tu pareja se enfada, ¿qué te va a decir? «¡Pues me voy con mi madre!»

Aparte de que en la tercera edad todo debe de ser más cómodo. Por ejemplo, ¿que no quieres aguantar los gritos de ella? No hace falta cambiar de habitación. Con bajarte el volumen de tu Whisper XL...

Y lo mejor de todo es que no hay rencores. No hay los «tú me llamaste no-sé-qué» o «ya, pero tú me dijiste no-sé-cuántos»... Porque, total, a la media hora se te ha olvidado:

–¿Qué decías, Eduvigis?

Sin duda, la tercera edad es la mejor para las relaciones de pareja: hasta los momentos románticos se consiguen con menos esfuerzo. Ahora, si yo quiero hacer una cena romántica, me lleva toda la tarde prepararla: tengo que poner las velitas, la musiquita de fondo, meter un anillo en la hamburguesa. Sin embargo, lo que entienden los mayores por una cena romántica es que, mientras comen, apagan la televisión. Bueno, y ella hace un esfuerzo y se pinta cejas.

Si lo piensas, hasta ligar es más fácil en la tercera edad. Porque los jóvenes, ¿qué hacemos? Tú te vas a una discoteca, invitas a una chica a una copa e intentas impresionarla: «Que si tengo tres carreras, que si he vivido dos años en Estados Unidos, que si mira qué tatuaje...». ¡Vas a comparar tú este vacile con el de los abuelos en el centro de salud!: «Que si a mí me han operado nueve veces del riñón, que si tengo la cadera de metacrilato, que si los dientes de abajo son míos...».

Y tampoco hay tantas diferencias entre una discoteca y un centro de salud, ¿eh? En los dos se ponen hasta arriba de pastillas. Y en los dos sitios, son expertos en el tema.

En la discoteca:

–Tómate esta Mitsubishi, y verás qué colocón...

En el centro de salud:

–Tómate éstas, Eduvigis, que dormirás del tirón.

Además, cuando tú sales de marcha, la mayoría de las veces te aburres y acabas hecho polvo. Mis abuelos, sin embargo, se lo pasan siempre de maravilla bailando... Por no tener, no tienen ni que quedar con los amigos; van todos al mismo sitio: al Hogar del Jubilado. Y, además, un jubilado sabe seguro que la tía que le mola va a estar allí. Y si no está... mal rollito. La tiene que buscar en el *ABC*...

Pero no pasa nada, porque en la tercera edad es más fácil encontrar otra tía que te mole. Cuando eres joven, uno busca que sea guapa, que sea cariñosa..., que tenga buenas tetas... Cuando eres viejo, buscas que tenga pelo, que se acuerde de tu nombre, que no tenga las orejas como un cocker...

Y ya no te importan las medidas... Por ejemplo, para mi abuelo el 90-60-90 es la edad de las amigas de mi abuela. Y es que, de mayores, lo de las medidas se iguala mucho. Mis abuelos, vistos por detrás, son idénticos.

Y la vida sexual es un chollo: yo creo que mis abuelos se pasan la noche haciendo el amor... Porque dormir, no duermen, eso seguro, porque durante el día se quedan fritos en cualquier parte...

Un día de éstos van a tener un disgusto. Yo me imagino a mi abuela acercándose al sillón donde está mi abuelo, subiéndole el volumen del Whisper XL y diciéndole muy seria:

–Cariño, tenemos que hablar. No me ha venido la regla... y de eso hace ya treinta años...

Pero lo que más me gusta de mis abuelos es la complicidad que han alcanzado después de tanto tiempo. El otro día descubrí a mi abuela guardando cigarrillos en la cisterna, y le digo:

–Pero, abuela, ¿desde cuándo fuma usted?

Y va y me dice:

–No, hijo, son para tu abuelo, que fuma sin que yo lo sepa.

Eso es amor verdadero.

Espectáculos y sociedad

Los famosos

Yo no entiendo la obsesión de la gente por ser famosa. ¡Ser famoso tiene que ser más duro que hacer el Camino de Santiago con aletas! Pobrecitos... ¿Ustedes se imaginan lo jodido que debe de ser pasarte la vida en la estación del AVE esperando a que vengan los periodistas para decirles que no quieres decir nada?

Y es que el famoso es un ser sacrificado. Para empezar, los dientes de un famoso no pueden tener color de diente... que todo el mundo sabe que es beis. ¡Los famosos los tienen de un blanco fosforescente! Y es que, si eres famoso, ¡tienes que ponerte fundas!

Además, para mantenerse en «el candelabro», tienen que operarse cada seis meses o liarse con un cubano o caerse por la ventana. Que no sé qué es peor. Creo que lo más cómodo es lo de la operación de pechos. Porque si tienen suerte, se les infectan los puntos y pueden salir en las revistas con los drenajes durante tres meses. Lo del cubano dura menos, porque el cubano es huidizo. Y lo de la ventana lleva a confusión; porque tú te tiras con la mejor intención, y luego la gente dice que estabas borracha.

Y una de las cosas más terribles de ser famoso es lo de la vida privada. Porque la gente que no es famosa no tiene «vida privada»; tiene «vida», a secas. Pero los famosos tienen «vida privada». Y mantener la vida privada requiere un esfuerzo constante: no puedes echar un polvo en un coche ni agachar la cabeza para coger el mechero en el bolso... Ni pasearte por la cubierta de un yate con tu pene en erección mientras tu novia lee un libro al revés...

Pero, sobre todo, lo que tiene que tener un famoso es una gran capacidad de sorpresa. Por ejemplo, una famosa puede pasarse el verano paseando en *top less* por la playa... Pero cuando luego ve sus tetas en una revista... ¡Le da un *shock*! Que yo alucino... ¡Es como si el rey se sorprendiera de verse en los sellos!

Luego, los pobres famosos viven agotados. Están todos pluriempleados. Porque la gente normal tiene su profesión: fontanero, pediatra, lo que sea... Pero los famosos, además de horribles actores, penosos cantantes o tertulianos de ésos, tienen que inaugurar fruterías, discotecas, diseñar joyas o ser la cara de una marca de algo. Aunque hasta en eso hay clases. No es lo mismo ser la cara de Lancôme Bohême que ser la cara de Ciruelas Borges.

Y encima de todo este agobio, siempre tienen que estar preparándose para proyectos cada vez más ambiciosos:

–Sí, ahora que he amadrinado la paella más grande del mundo, creo que ya estoy preparada para escribir novelas.

Ahora, para mí, lo más jodido de ser una estrella es tener que cambiar de religión. Porque a raíz de lo de Richard Gere y Penélope Cruz, todos creen que para tener *glamour* y ser famoso tienes que tener el teléfono del Dalai Lama en la agenda del móvil. Y tienes que viajar a la India, ponerte a meditar, llegar al quinto chacra... –que para el que no lo sepa, el quinto chacra es el que va después del cuarto–. Yo creo que un famoso no es famoso hasta que no le abren el tercer ojo.

Pero volvamos al producto nacional.

Todo lo que conocemos de los famosos de aquí es a través de la prensa rosa. Gracias a ella sabemos que los famosos viven en un universo paralelo, donde no les pasan las cosas normales que nos pasan a todos. Por ejemplo, los famosos no se bañan en la playa; ellos disfrutan de «refrescantes chapuzones». Y no se ponen morenos; «lucen un bronceado envidiable en sus espectaculares figuras». Vamos, que si Sofía Mazagatos tuviera diarrea, la noticia sería: «La bella modelo pasea sus envidiables retortijones por las calles de Marbella».

Aunque no todo es malo en las vidas de los famosos. Hay cosas con las que la gente normal lo pasa fatal y que para ellos son estupendas. La gente normal está jodida porque ha roto con su pareja. Ellos «comienzan una nueva etapa en su vida». A ellos les sorprenden en «actitudes comprometidas». A la gente normal... la pillan follando.

Yo me imagino una conversación normal de una familia famosa:

–Mamá, lucías una figura envidiable cuando te pillaron in fraganti compartiendo cómplices miradas con aquel apuesto desconocido.

–Sí, hija, he vuelto totalmente renovada después de estas merecidas vacaciones... Espera, que acabo de recibir un mensaje del Dalai Lama: «Enhorabuena, me he enterado de que te han abierto el tercer ojo».

Lo previsible triunfa

En televisión siempre hay una gran preocupación por las audiencias. Yo no lo entiendo, si la fórmula del éxito es muy sencilla. No hay más que fijarse en esos programas que llevan en la tele toda la vida... ¡Y sin necesidad de que los vea nadie! Como los saltos de esquí de Año Nuevo. Los ponen siempre. Aunque no haya nieve. Pero, bueno, ¿quién va a ver eso, si está todo el mundo con resaca? Aunque a lo mejor por eso lo ponen, porque tú abres así el ojo, ves a esos tíos saltando y dices: «Joder, podría estar peor...».

Los pobres, ahí, con el mono, los esquís y las gafas de ventisca, después de toda la noche de juerga, diciéndole al juez:

–Yo me tiro, pero conste que todavía no me he acostado.

Es que me los imagino a las cuatro de la mañana:

–Bueno, me voy...

Y todos los amigos:

–¡Aaah, venga, rajado! ¡Tómate la última...!

–Bueno, pero luego me voy, que mañana salto...

Yo creo que, en realidad, no gana el que más se entrena sino el que menos amigos tiene.

Pero es que cambias de canal y están con el concierto de Año Nuevo, que yo no sé qué es peor... tener que ir a saltar o tener que ir al concierto... Porque si ya es malo ir a saltar con resaca, imagínate ir a tocar el bombo. Que el público lo aguanta porque está trompa perdido. No hay más que verlos ahí, todos pasados, tocando las palmas... Que sólo les falta encender el mechero en las lentas...

Yo creo que para que un programa aguante en la tele, la clave es que la gente ya sepa lo que va a pasar, que no haya sorpresas... Ahí está la Santa Misa, que lleva cincuenta años emitiéndose y siempre pasa lo mismo. Sale allí el presentador... se pone delante de un atril... que se le ve que está leyendo... ¡Coño, que ha tenido toda la semana para aprenderse el guión, el tío...! Yo creo que por eso siempre lo están cambiando. Además, el programa tiene dos cosas que funcionan muy bien en la tele: que cada semana lo emiten desde un sitio distinto y que la gente canta. ¡Como el karaoke!

¿Ustedes por qué se creen que las bodas reales tienen tanta audiencia? ¡Por la misa! Bueno, por la misa... y porque las ponen en todas las cadenas... Que yo creo que eso es cosa del rey, para no tener que encargar el vídeo de la boda. Claro que, más que vídeo, es un DVD con extras: varios idiomas, repeticiones en ángulo inverso y las escenas nunca vistas: «La infanta comiendo gambas» y «Las mejores caídas de Froilán».

Y yo creo que los concursos de equitación los ponen por lo mismo, porque le gustan a la infanta Elena. O la vela... porque le gusta a la infanta Cristina. Pero ¿y el paddle? ¿A quién coño le gusta el paddle?

Que hablando de paddle... Un programa que no hay quien se cargue es el debate sobre el Estado de la Nación. ¡Que dura doce horas! ¿Para qué lo retransmiten? Un tío allí hablando con el hemiciclo casi vacío... Claro que... a lo mejor por eso lo ponen, para que lo vean los diputados que se han quedado en casa.

Otro programa que no se quema nunca son las Fallas de Valencia. Por lo mismo: porque siempre acaban igual. A no ser que llueva... ¡Coño, que no ha cambiado nada desde la Edad Media...! La única novedad es que, en vez de quemar brujas, ahora queman Karmeles Marchante...

Pero la prueba definitiva de que en la tele triunfa todo lo previsible es la emisión de las campanadas de Nochevieja. Todo el mundo sabe ya que van a ser a la misma hora, que van a ir al mismo ritmo... ¡que van a ser doce! ¡Y todos los años tienen un cien por cien de audiencia! Con ese éxito, lo que no entiendo es cómo no las ponen todas las noches.

Ahora, lo que es inexplicable es que sigan retransmitiendo la Semana Santa. Porque eso ya es el colmo de lo previsible... ¿Para qué emiten las procesiones? ¡Si ya se sabe quién va a ganar! Porque el que va detrás nunca adelanta...

Aunque, en cierto modo, hay que reconocer que un paso de Semana Santa es lo más parecido a la televisión: la gente adora a la figura, porque es al que ven, pero los que de verdad curran son los que están debajo.

La moda

Las mujeres somos víctimas de un complot urdido por mentes perversas que se reúnen en un lugar secreto y deciden lo que ellos llaman «tendencias de la moda».

¿Quiénes son? ¿Cómo lo hacen?

Yo me imagino que llega Paco Rabanne y dice:

–Veo, veo... que este año se va a llevar el azul petróleo...

Y saltan a dúo Victorio y Lucchino:

–Eso, eso... Y los jerséis sin mangas, pero de cuello alto, ¡y que se jodan!

Y date por jodida...

Porque la moda no es una industria. ¡Es una secta! ¿Ustedes saben lo que son las *fashion victims*? Son las mujeres que han caído en sus redes y ya no pueden escapar... Esas que cuando se acercan a un escaparate, oyen voces en su cabeza: «El poder de la moda te obliga», «El poder de Dior te gobierna».

Realmente, yo me di cuenta del poder que tiene esta secta cuando intenté comprarme un vestido rojo. Parece fácil, ¿verdad? Un vestido rojo... Pues no. ¡Porque las tiendas están en el ajo...! Son las representantes de Dior en la Tierra. Y, claro, llego yo, y le digo a la dependienta:

–Buscaba un vestido rojo...

Y me suelta:

–¿Rojo? Este año no viene nada en rojo... Este año viene el azul petróleo.

–¿Y eso rojo de ahí?

–Eso es la funda del extintor, pero si quieres te la saco...

¡Así es como empiezan las sectas: anulando tu voluntad! Porque, de repente, me veo diciendo:

–Vale, sácame uno azul petróleo... de la 38...

Y, en ese momento, la dependienta me mira como se mira un Seat Panda desde un todoterreno:

–¿La 38? Tú estarás entre... la 40 y la 42...

Claro, yo la miré a ella como diciendo: «Y tú estarás entre... gilipollas y tonta del culo».

Pero le dije:

–Perdona, yo soy una 38.

–No, sí, ya... pero es que este año viene la 38 ceñida, ¿sabes?

Y es que ése es el segundo paso de la estrategia de la secta... Minarte la autoestima para poder dominarte mejor. Ahí, yo dije:

–Con esto no me pillan... ¡Yo me pruebo la 38 aunque me la tenga que meter a rosca!

Y, claro, te miras al espejo y lo que ves es... una morcilla. Una morcilla azul petróleo.

Y digo yo: si en todo el mundo un metro es un metro y un kilo es un kilo, ¿por qué la talla 38 no es siempre la talla 38? Tú vas al Carrefour y la talla 38 se la puede poner King África y, sin embargo, te vas a Versace y la 38 no se la pone ni Melody.

Total, que hice lo que hacemos todas: llevármelo. Sí, porque pensé lo que pensamos todas: «Así me obligo a adelgazar». «Me obligo a adelgazar...». ¿Seremos idiotas? A las dos semanas te estás obligando a regalárselo a tu sobrina. ¡Es como comprarte unos zapatos del

34 para obligarte a que te encoja el pie! Pero es que ése es otro de los síntomas de que estás entrando en la secta: someterte voluntariamente al sufrimiento físico.

Aunque, a veces, cuando todavía no estás abducida del todo, consigues tener un momento de lucidez y decir: «No, no me lo llevo». Y, entonces, esa enviada del mal que es la dependienta te dice la frase definitiva:

–Llévatelo, no seas boba, ¡que lo puedes devolver!

¡Y lo compramos! Como lo puedes devolver... Eso es como comerte un trozo de moqueta: ¡como lo puedes devolver...!

Así que volví a casa con mi vestido azul petróleo de la 38. Me lo pongo y le pregunto a mi marido:

–¿Cómo me queda?

Y él:

–Pequeño.

–¿Sí? ¿Me marca mucho?

–Te va a hacer llagas.

Ahí me dije: «Anabel, contente. Ésta es otra prueba. La secta de la moda quiere que rompas lazos con tu entorno».

«¡No, no van a poder conmigo!» Me lancé a la calle y no paré hasta que encontré el único vestido rojo que quedaba en toda la ciudad... Cuando lo vi, dije: «¡Me lo compro! ¡Que le den a Paco Rabanne... Y que Victorio le dé a Lucchino!».

¡Ja! Y salí de la tienda triunfante, con mi vestido rojo... pero la alegría me duró dos escaparates. Es algo que nos pasa a todas las mujeres... De repente, se te viene el mundo encima: «Coño, ¿y qué hago yo con un vestido rojo, si este año lo que se lleva es el azul petróleo?». Oye, que no pude pegar ojo en toda la noche. Tuve unas pesadillas... Estaba yo en una misa negra, atada de pies y manos, y los grandes gurús de la moda, rodeándome y gritándome como en *Poltergeist:* «Anabeeeelllll, veeeeen hacia el glamouuur...».

Total, que me desperté, empapada en sudor y dije: «¡Vale, está bien! ¡Me rindo!». Me unté entera con vaselina para que me entrara el traje, y me presenté en la boda de mi amiga Jessi, vestida de azul petróleo.

Cuando llegué a la iglesia me encontré con que íbamos todas iguales. Allí había más azul petróleo que en una playa del golfo Pérsico. Ahí te das cuenta de que te han captado, has entrado en la secta, y a partir de ese momento... honrarás a Victorio y a Lucchino, no nombrarás a Chanel en vano y amarás a Dior sobre todas las cosas.

Las películas Disney

¿Por qué los niños gritan tanto en los recreos? ¿Quién tiene la culpa? ¿Melody? ¿Leticia Sabater? No. Se trata de una mente fría... ¿qué digo fría?, congelada: Walt Disney.

Sí, Walt Disney es el culpable de que los niños estén como enloquecidos. Para empezar, las películas de Disney son antiecológicas. ¡Y encima presumen de ello! «Para hacer esta película hemos gastado diez mil lapiceros, quinientos mil folios, tres mil frascos de tinta...» ¡Coño, estos tíos contaminan más que los gremlins de excursión!

Además, a los de Disney les gusta demasiado el dinero. Peli de éxito que sacan, segunda parte que hacen: *Toy Story... Toy Story 2; Peter Pan... Peter Pan, el regreso; Mulán... Mulán Rouge.*

Por no hablar de la discriminación. Vamos a ver, en las películas Disney, ¿quién es el que decide los animales que hablan y los que no? Porque las vacas no hablan nunca. ¡Es injusto! Al pato Donald, que vocaliza peor que Enrique Iglesias, le dan un montón de texto, y a las pobres vacas no les dejan decir ni mu. Para mí que Walt Disney y el pato Donald... vamos que... se entendían... Por eso Donald iba siempre con el culo en pompa.

Además, en las pelis Disney no tienen respeto por los mayores. Ni siquiera por Mickey, que lo ha dado todo por esa empresa. La última película que hizo fue *Fantasía* y desde entonces no ha vuelto a hacer nada. Como siga así, un día de éstos le vemos en *Cine de Barrio* cantando canciones y contando batallitas:

–¡Ay, Mickey...! ¡Con lo que tú has sido...!

A mí también me gusta mucho Pinocho, ¿verdad? Yo, en cuanto lo vi, pensé: «Este chico tiene madera».

Que yo sepa, la Disney sólo ha recuperado una vieja gloria. ¿No se han fijado en Tarzán? ¡Tarzán es Mowgli, el de *El Libro de la Selva,* de mayor! A mí lo que más me alucina de Tarzán es que con los monos habla en perfecto castellano, pero en cuanto aparece Jane no se le entiende nada. Aunque claro, pensándolo... eso va a ser porque Jane es americana... Y otra cosa curiosa: si los monos van en bolas y Tarzán cree que es un mono, ¿por qué no va en bolas? Yo creo que es por complejo, porque él veía el rabo que tenían los monos, que hasta se colgaban de los árboles... Y claro, el pobre... lo intentó una vez y... ése debió de ser el día que inventó el grito.

Y Bambi, ¿qué? ¡La sorpresa que me llevé yo cuando me enteré de que Bambi era un tío...! Pero, bueno, con esas pestañas rizadas, ese flequillo caoba y ese nombre que parece de chica Play Boy... Además, hay que tener en cuenta que uno de sus mejores amigos se llamaba... Flor. Y luego sale en el cartel de la peli... ¡con una mariposa en el culo! Está claro que Bambi es gay. Pero los de Disney, que son unos reaccionarios, para guardar las apariencias al final de la peli lo casan. Eso sí, recuerdan con quién lo casan, ¿no? ¡Con Falín!

¿Y qué me dicen de los príncipes? Esos chicos de buena familia, con melenita rubia, que se creen que pueden hacer lo que les dé la gana... Los príncipes son unos cerdos. ¡Se aprovechan de las chicas cuando están dormidas! Me imagino a la Bella Durmiente cuando se despertó:

–¡Pardiez! ¡Juraría haberme puesto las bragas antes de acostarme!

Y es que el peor ejemplo que dan estas películas es en lo relativo a relaciones de pareja. Los protagonistas se casan a la mínima, sin conocerse de nada y, claro, luego pasa lo que pasa. Me imagino a Blancanieves con el príncipe Azul después de unos añitos:

–Cariño, ¿te importa si invito a los siete enanitos a cenar?

–Jo, Blanca, que son siete...

–Ya, pero cuando tienes visitas importantes bien que los pones de adorno en el jardín y les pagas una mierda...

¿Y Aladdin y Jasmine? Porque la peli se acaba cuando se casan. Pero seguro que Jasmine, a los dos días, estaba en el harén con el burka puesto. Que con las otras seis mujeres de Aladdin parecerían los fantasmas del comecocos. Bueno, y Aladdin, muy majo, pero cuando volviera quemado de vender alfombras, seguro que es cuando realmente sacaba el genio:

–¡Jasmine!

–¿Qué?

–¡Ya no vendo ni una puta alfombra voladora. No sé qué pasa... que a la gente le da mal rollo comprar cosas árabes que vuelen!

Pero lo que ya es preocupante son los recurrentes casos de zoofilia: la Sirenita con el príncipe. Me los imagino en la cama:

–Ay, cariño, tienes los pies helados...

O Peter Pan y Campanilla... Porque dirán lo que quieran, pero Campanilla es una libélula y hay que ser muy degenerado para hacerlo con una libélula. Y ya el colmo es lo de la Bella con la Bestia. La pobre Bella, todo el día cabreada:

–¡Ya has vuelto a dejar la ducha llena de pelos! ¡Y deja de olerle el culo a los invitados! ¡Pero qué bestia eres!

En fin, que en las películas Disney se fomenta la ruptura de parejas, los atentados ecológicos, la discriminación y el acoso sexual.

Así que ustedes verán, pero yo a mis hijos prefiero ponerles una peli porno, que por lo menos aprenden un oficio.

Las películas porno

Estoy harto de las grandes superproducciones americanas. Yo prefiero las películas independientes de bajo presupuesto: más intimistas, con planos más cortos... Donde lo importante es el ser humano... Vamos, las películas porno.

Para empezar, las pelis porno son solidarias: porque en las películas normales sólo destacan los actores principales; por ejemplo, en *Titanic* la protagonista ni siquiera habla con el jefe de máquinas. En cambio, en la versión porno, no es que hablen mucho... pero es porque ella siempre tiene la herramienta en la boca.

O, por ejemplo, cuando sale... yo qué sé... un mensajero: en una película normal, el tío entrega la carta y se va. En una porno, el tío saca el paquete y... bueno... también se va.

Además, las películas porno fomentan la no violencia: las tramas se resuelven de una forma mucho más civilizada, como de buen rollito. Por ejemplo, si a la protagonista la para la policía para hacerle el control de alcoholemia, ella... ¡encantada de ponerse a soplar! Bueno, y el poli... ya puede ir la muchacha hasta las cejas de JB, que como sople bien...

¡Y así con todo! Que el casero va a cobrarle el alquiler... ¡la prueba de la alcoholemia! Que el vecino viene a quejarse porque tiene la música muy alta... ¡la prueba de la alcoholemia! Que el novio se mosquea con ella porque hace muchas pruebas de alcoholemia... ¡la prueba de la alcoholemia!

Y es que estas películas también te enseñan a compartir. En una película porno, un tío se encuentra a un amigo tirándose a su novia, y cuando se acerca, el otro, en vez de acojonarse, le dice:

–Colabora un poco, macho... que es tu novia.

Otra virtud que tienen estas películas es que cumplen una labor social. En ellas no existe la discriminación. A las tías buenas les encanta acostarse con hombres feos, bajitos y sin duchar. Esto nos abre a los hombres una ventana de esperanza. Sí, porque yo soy alto y guapo, pero lo de ducharme...

¡Si es que son todo ventajas! Porque estas películas también ayudan a bajar el índice de parados: mecánicos, fontaneros, electricistas... Todos pueden trabajar en una peli porno... ¡Para que luego digan que la FP no tiene salidas! Claro que también por eso cuesta tanto encontrar un fontanero... ¡Están todos haciendo películas porno!

Otra ventaja es que fomentan la vida sana. ¿Se han fijado en que en las películas porno nunca fuman después de hacerlo? Porque, claro, se tendrían que fumar dos cartones diarios... Acabarían con la voz como Pepe Isbert. Y, oye, perderían erotismo. ¿Se imaginan al socorrista después de hacer un boca a boca?

–¿Te ha gustado... Chencho?

Sí, ya sé que suena raro, pero... ¿han intentado alguna vez imitar a Pepe Isbert sin decir «Chencho»?

Lo que tiene que ser duro es hacer el *casting* para una peli de éstas. El actor, allí, con los pantalones bajados y el director:

–Curvilínea, carga a la izquierda; medida: un vaso

de tubo... Muy bien. Y, ahora, ¿podrías conseguir que exprese tristeza?

Aunque para el director también tiene que ser duro, porque aguantar a los actores... siempre está el típico listo del Actors' Studio que se pone en plan profundo:

–Esto es una grosería. Mi personaje nunca diría «¡Ah!, ¡ah! ¡Ya! Me voy, me voy... ¡zorra!». En todo caso diría: «¡Ah!, ¡ah! Me distancio... ¡zorra!».

Y el director:

–Sí, Rocco, si tienes razón, pero es que... como es adaptación literaria...

Y Rocco:

–Ya, pero es que no entiendo la motivación de los personajes, porque... esta chica, ¿no era monja? ¿Y qué pinta una monja haciendo la prueba de la alcoholemia?

Pero por mal que lo pasen los actores y los directores, las películas porno son tan positivas para la sociedad que yo creo que deberían hacer series porno para toda la familia. No sé... *Los zorrones van a la oficina, Sátiro de familia, Al salir del top less...* Aunque tampoco puede uno fiarse de los títulos, porque hay series que prometen mucho y luego te llevas un chasco. Como *Lleno por favor* o *Ana y los siete*. ¡Que ya es mala suerte que de todo el reparto sólo se desnude Ana!

En fin, yo creo que ha quedado claro que las películas pornográficas están llenas de ventajas: son solidarias, antiviolentas y ayudan en la lucha contra el paro. ¡Vamos, como el programa político del PP! De hecho, la única diferencia entre Aznar y Rocco Siffredi es que Aznar, después de dos..., se retira.

Trabajos

Los bomberos

A mí, lo que más me gustaba de niño era jugar a los bomberos. Encendía una pequeña hoguera con papeles de periódico en el patio y luego corría alrededor haciendo:

–¡Ua-ua-ua-ua-uaaah! ¡Talán-talán-taláaan!

Después me paraba, me sacaba la manguerita y hacía «pssss». ¿Les parece primitivo? Pues los bomberos no han evolucionado mucho más, ¿eh?

Para empezar, la barra esa por la que bajan cuando suena la alarma. ¿No saben que hay escaleras...? Claro, es que las escaleras de incendios están todas en los edificios de las películas americanas.

Por cierto, ¿se han fijado en que en las películas americanas siempre que llaman a los bomberos están todos en camiseta interior? Ahora entiendo lo de la barra: éstos matan el tiempo haciendo *striptease*.

Pero para cosas absurdas, esas mangueras rojas que ponen detrás de un cristal con un letrero que dice: «Rómpase en caso de incendio». ¡Hace falta tener mala leche! O sea, que asfixiado por el humo, con las llamas quemándote el culo, tienes que encontrar el martillito para romper el cristal. ¿No podrían poner una puerta con un pestillo? Porque, vamos a ver, ¿y si te cortas? ¿Te haces un torniquete con la manguera? O, lo que es peor: ¿y si con el vidrio se te corta la manguera?

Pero yo entiendo que no hayan evolucionado: no dan abasto, porque les llamamos para todo. Hasta cuando hay una inundación llamamos a los bomberos. ¿Para qué? ¿Para que traigan más agua? O cuando te quedas encerrado en el ascensor... ¿No sería más fácil llamar a los ascensoristas? ¿Qué saben los bomberos de ascensores? ¡Si ellos siempre bajan por la barra...!

Ahora, el colmo es cuando llamamos a los bomberos para rescatar a un gato que se ha subido a un árbol... ¡Es como llamar a Llongueras para que te sacuda la caspa!

Pero yo creo que si llamamos tanto a los bomberos es precisamente por eso: porque son muy... llamativos. Se ven a la legua... Lo malo es cuando los ve una madre... Porque una madre siempre cree que el fuego es en su casa... o en la tuya.

–Hijo, ¿estás bien? Es que he visto pasar un camión de bomberos y me he quedado inquieta.

–Mamá, que vivo en Londres...

–Ya, hijo, pero es que iba para el norte.

El caso es que, entre que los llamamos para todo y lo atrasados que están, los pobres necesitan ayuda. Por eso la están pidiendo constantemente: «¡Todos contra el fuego, todos contra el fuegoooo...!».

Y oye... vale que tienen mucho trabajo, pero yo no me imagino a los cocineros cantando: «¡Hazte las lentejas, hazte las lentejas...!»; o a los policías: «¡Investiga por tu cuenta, investiga por tu cuenta...!». Además, ¿cómo se les ocurre hacer una campaña contra el fuego y poner a cantar a los tíos de *Operación Triunfo*? ¡Coño, si están todos quemados! Es como sacar al Dioni diciendo: «Hacienda somos todos».

La verdad es que hay que reconocer que se lo ponemos muy difícil a los bomberos. Un bombero salva a veinte personas adultas y nadie le hace ni caso. Pero, oye, si salva a un cachorrito de labrador... ¡se convierte en un héroe! Es absurdo. Es como si después de echar tres polvos seguidos, tu novia te felicita por hacer aritos con el humo. Pero es así, no hay más que ver una película americana. Para que un bombero se convierta en un héroe, la escena debe ser más o menos así: para empezar, tienen que llegar en el último momento, y sus compañeros:

–¡No entres, Joe, ya no se puede hacer nada, es inútil!

Y una niña de trenzas, llorando:

–¡Mi perrito! ¡Mi perrito está dentro!

–¿No será un perro labrador?

–¡Sí, es apenas un cachorrillo...!

–¿Un cachorro de labrador? ¡Lo traeré de vuelta, pequeña!

Pero el colmo de la heroicidad es cuando ni siquiera estás de servicio y entras a por tu compañero negro que se jubila al día siguiente. Pero, claro, una vez dentro, te encuentras al perro labrador y dices:

–Un tío que se jubila... un perro labrador...

Y al cabo de unos segundos sales triunfante entre las llamas con el perro en brazos.

La verdad es que, después de tanto esfuerzo, a los pobres bomberos la única satisfacción que les queda es contar sus batallitas en las reuniones:

–Pues me acuerdo una vez que salvé a doscientas personas...

–Ya, ya... vale... Pero ¿a cuántos perros labradores?

–A ninguno...

–Tú eres un cabrón ¡vaya mieeerda de bombero!

Pero hay algo que nadie podrá quitarles a los bomberos, y es el gran invento que han aportado a la humanidad: la sábana redonda. Si no fuera por los bomberos, la cama redonda aún estaría sin sábana.

La sábana redonda es esa que sujetan los bomberos para que la gente se tire desde las ventanas. Seguro que la han visto en alguna película: hay un edificio en llamas, y en una de las ventanas aparece una anciana despeinada en bata de boatiné. Abajo hay un grupo de bomberos capitaneados por un sargento con un megáfono:

–¡Atención! ¡Atención! ¡Señora, le habla el jefe de bomberos! ¡Tranquilícese, súbase al alféizar de la ventana y déjese caer tranquilamente, que nosotros la recogeremos!

Claro, la pobre anciana mira hacia abajo y ve a un corro de bomberos bailando la sardana, mientras sujetan una sabana del tamaño de la hostia grande que se comen los curas en misa. En ese momento, la vieja comprende por qué a la hostia la llaman hostia.

Obras en casa

Yo nunca había creído en la existencia de seres de otro mundo hasta que entré en contacto con ellos: es decir, hasta que me metí en obras.

Realmente, tratar con obreros es una experiencia paranormal: es casi imposible comunicarse con ellos, tienen otra concepción del espacio-tiempo y, desde luego, no vienen en son de paz.

Tienen hasta su propio saludo. Lo primero que te dice un obrero cuando le enseñas lo que tiene que arreglar es:

–Pero esto ¿quién se lo ha hecho?

Que te dan ganas de decirle: «Un Teletubby, no te jode... ¡Pues otro albañil!». Es que no falla: según ellos, el que ha venido antes siempre te ha hecho una chapuza. El día que se junten dos se va a montar un pollo... A mí me gustaría ver alguna vez a uno en *El diario de Patricia,* con un rótulo debajo: «Este albañil no sabe que el albañil anterior está en el plató»...

Nosotros sólo queríamos reformar un poco el baño. Pero ya lo dice la frase: «El hombre propone y el albañil dispone». Tú llevas veinte años soñando con poner los lavabos de aluminio y llega él y te dice:

–Mire usted, que el aluminio es «mu delicao»...

Y tú:

–Ya, pero es que yo tengo la ilusión...

Y él:

–Vamos a ver, señora... Son mejores los lavabos de toda la vida, que les pasas un pañito y ya están limpios.

Que ahí ya te dan ganas de decirle: «Pero, vamos a ver, ¿cuándo le ha pasado usted un pañito a un lavabo? Si tiene pinta de no levantar la tapa ni para comerse un yogur».

Pero para qué les vas a decir nada, si no te escuchan. No te oyen ni aunque les hables a la antena... Sí, sí, yo estoy convencida de que lo que llevan detrás de la oreja no es un lápiz: es una antena... Porque no se les cae ni aunque hagan el pino, ¿eh? ¡Es parte de su cuerpo!

Pero ni por ésas... Así que haces como en *Mars Attacks:* mandas a un intérprete a entenderse con ellos: tu marido. Y mano de santo. A la media hora, vuelve:

–Ya está.

–¿Los va a poner de aluminio?

–Sí. Los grifos. Los lavabos, no, porque el aluminio es muy delicado. Y corta un poco de chorizo que le voy a llevar una cervecita.

Y, claro, ya está montado el lío. Así que le digo a mi marido:

–Manolo, ¿no te das cuenta de que te ha abducido? Anda, vuelve y le dices lo de los lavabos... ¡Pero no le mires a los ojos!

Y tu marido, mirando al suelo, le dice:

–Mire usted, que hemos estado hablando mi mujer y yo y... que los ponga de aluminio.

Pero cuando el albañil se ve acorralado, cambia de estrategia: se pone a hablar en el idioma de su planeta:

–Pues lo que usted diga, jefe... Pero entonces hay que quitar el bote sifónico y cambiar todas las tomas, haciendo una canaleta con el rotaflex.

Y tu marido:

–¿Cómo?

–Pues que hay que abrir.

«¡Hay que abrir!» Vamos, te da más miedo que te diga eso un albañil que un médico.

Y, claro, al final te convence:

–Bueno... pues si es así... vale, no me ponga los lavabos de aluminio...

Y entonces, te suelta:

–Bueno, pero... piense que luego el aluminio es eterno... vamos, mi mujer los ha puesto en casa y estamos encantados...

Ahí ya te hartas y le dices:

–¡Mire, haga lo que le dé la gana!

Y antes de que te des cuenta ya te ha abierto la pared. Y en el momento en que un obrero te abre la pared, abre las puertas a una nueva dimensión. Sí, otra dimensión, con otra concepción del espacio-tiempo. De entrada, ellos, que venían para tres días, se quedan tres meses. Porque van a su ritmo...

El tío te dice:

–Mañana vengo a primera hora.

Y tú, allí, en pie desde las siete de la mañana. Y va el tío y te aparece a las doce. Y tú:

–Perdone, ¿qué quería decir con «a primera hora»?

–Coño, pues... entre las ocho y las dos, la primera hora que tenga... –Y acto seguido añade–: Bueno, pues nosotros nos vamos...

–¿Adónde?

–A por material...

¡Y es que siempre se olvidan de algo! Y por lo que tardan en volver deben de ir a buscarlo a la nave nodriza. Bueno, es que ellos mismos lo reconocen, ¿eh?:

–No, es que hemos tenido que ir a por material a la *nave*... ¡Y no vea cómo está el tráfico...!

«¡Cómo está el tráfico!» Pues yo estaba convencida de que tenían un teletransportador en el bar de abajo. Sí, porque tú los ves que van a por azulejos, se meten en el bar y salen a las dos horas... Vamos, que seguro que los azulejos que traen se los han arrancado al baño del bar... Ahora, eso sí, mientras están fuera, no los echas de menos, porque te dejan puesto a todo volumen Radio Olé.

Otra prueba de su procedencia extraterrestre es que se expanden, como el universo. Empiezan en el cuarto de baño y, al final, se apoderan de toda la casa. Acabáis tu marido y tú encerrados en la cocina, acojonados. Que llegan los niños del colegio y les dices:

–Niños, poned la tele flojita que están los albañiles escuchando Radio Olé.

¡Es que van ganando terreno, y al final se creen que son los dueños! Bueno, el ejemplo más claro de un técnico extraterrestre que se apodera de tu casa es ET, que estuvo dos semanas arreglando el teléfono y ya se pasaba el día: «Mi caaasa, mi caaasa, mi caaasa...».

Pero el colmo es que, cuando terminan la puñetera obra, te dicen:

–Mire, en vez de trescientas, van a ser quinientas mil, porque hemos tardado mucho más de lo previsto.

¡Pero bueno! Es como si el de Telepizza llega una hora tarde y encima te dice: «Van a ser tres mil más, porque como he tardado un huevo...».

El caso es que el día que terminan... Mira, te da hasta pena... Claro, después de tanto tiempo ya son como de tu familia. De hecho, yo le he visto más veces la rabadilla a los obreros que a mi marido.

Pero la nostalgia dura poco. Porque a las dos semanas se ha roto el bote sifónico y otra vez a empezar, porque esto es como *La guerra de las galaxias:* cuando crees que todo ha terminado vuelve el «Episodio uno». Llamas al mismo albañil para que te lo arregle y, nada más entrar, te dice:

–¡Pero bueno! Esto ¿quién se lo ha hecho?

El rey

La verdad es que hay oficios sacrificados: psicólogo de Carmina Ordóñez, dentista de Anita Aznar, rey de España...

Que sí, que sí... Que ser rey es muy duro. No, no, en serio. Tú imagínate que a ti te nombraran presidente de la comunidad de vecinos... ¡de por vida! Y que además tuvieras que inaugurar el cuarto de contadores, pasarte por todos los pisos en Navidad felicitando las fiestas, y sólo pudieras casarte con la hija de otro presidente de comunidad de vecinos o, como mínimo, con la del administrador. Pues ésa es la vida de un rey.

Pero un rey empieza a sufrir desde pequeñito. Para empezar, en el colegio... todo el día abochornado... viendo cómo airean los trapos sucios de su familia: que si a Carlos IV se le colaron los franceses, que si en la época de Alfonso XIII se perdió Cuba, que si Fernando VII usaba polisón... ¡Tú imagínate que vas al cole y dan en clase lo de aquel tío tuyo que enseñó el culo en la cremación de tu abuela!

Hombre, yo me imagino que el profesor de Historia lo enfocaría con tacto:

–Perdona, Juan Carlos, ¿podrías salir fuera un momento?

Y él:

–¿Ya vais a hablar otra vez de mi familia?

Y como los niños son tan crueles, luego, en el recreo, todos:

–¡Tu abuelo perdió Cuba! ¡Tu abuelo perdió Cuba!

Y después, el pobre, en casa:

–Mamá, mamá, en el colegio me dicen que el abuelo perdió Cuba...

Y su madre:

–Dile a Rainierito de Mónaco que se preocupe de su familia, que Dios lo va a castigar...

Y, encima, no podría jugar a nada. Porque, imagínatelo jugando al escondite, por ejemplo. El pobre allí escondido y el otro:

–¡Juan Carlos primero, detrás del pino!

Y él:

–¡Jooo! ¿Cómo me has visto?

–¡Coño, porque hay un escolta a cada lado del árbol!

Y lo peor es que el niño no podía jugar con sus amigos, pero ¡tampoco podía hacer nada con su padre! Claro, porque sabéis que el rey y el príncipe no pueden viajar juntos, porque si el avión se estrella el país se queda sin rey y sin heredero. Y, claro, imagínate a ese principito con su padre en el parque de atracciones:

–Papá, papá, súbete conmigo al «pulpo», que me da miedo subir solo...

Y el rey, tranquilizándolo:

–Ya hijo, pero yo me tengo que quedar aquí porque no podemos matarnos los dos... anda, no seas bobo...

Pero los problemas de un príncipe heredero se agravan en la juventud. Si eres príncipe, tienes que hacer por fuerza el servicio militar. Cuando tu padre es el capitán general de todos los ejércitos, ¿con qué huevos le dices que quieres ser objetor?

–Papá, que quiero ser objetor.

–Vale, hijo, y el Día de las Fuerzas Armadas, ¿de qué te vistes?, ¿de Batman?

Lo único bueno de ser rey es que nadie te lleva la contraria. ¿Por qué se creen que el rey no usa gafas? Porque el rey va al oculista y nadie se atreve a contradecirle:

–A ver, Su Majestad... ¿Qué letra es ésta?

Y el rey:

–Una zeta.

–No, no, Majestad, la eme de al lado...

–¡Ah...! Una... erre...

Y me lo imagino el día que se sacó el carné de conducir. El examinador:

–A ver, Su Majestad, tuerza a la izquierda, izquierda, izquierda... o... siga recto, sí, qué buena idea...

Pero no se dejen engañar por estos pequeños lujos: la vida del rey adulto sigue siendo tan difícil como en la infancia y adolescencia. Por ejemplo, ¡la de ofertas que se está perdiendo el rey, porque no pueden dejarle publicidad en el buzón! El rey en su vida se ha comido dos pizzas al precio de una.

¿Y el cine? ¡El rey no puede ir al cine! Yo me imagino que, para saber lo que se siente, recrearán el ambiente en casa, con los escoltas detrás, comiendo palomitas y dándose el lote.

¡Bueno, y no podrá engancharse a ningún programa de la tele! Porque yo no me imagino al rey diciendo:

–Jo, la recepción oficial, hoy no... que ponen *Cuéntame*. Y creo que sale cuando me hacen rey...

Y todavía hay gente que dice que ser rey es un chollo, y que el rey no hace nada. Pues la culpa es nuestra, porque lo tenemos desaprovechado: para empezar, con esa imagen tan buena que tiene deberíamos usarlo para hacer publicidad. Por ejemplo, que en el mensaje de

Navidad salga con un *brick* de leche Pascual encima de la mesa, como hacían en *Médico de familia.*

Ahora, lo que desde luego tenemos que hacer es cuidarle mucho. Esto es una cosa muy seria, porque hay que pensar que el conde Lecquio está en el puesto veintiséis en la línea de sucesión. O sea, una avalancha en Baqueira y lo hacen rey. Acojona, ¿eh? Y si la palma Lecquio, ya sería la leche: tener de rey al niño de Ana Obregón. No me extraña que las infantas no paren de tener hijos.

La vuelta al trabajo

A mí la vuelta de las vacaciones... me rejuvenece. Sí, me siento como a los seis años cuando tenía que volver al colegio: lloro, pataleo, como tierra para que me entre fiebre...

Porque, además, en el trabajo nos hacen creer que hemos tenido un mes de vacaciones, pero... ¡es mentira! Sólo tenemos los primeros quince días. El resto nos lo pasamos angustiados por la cuenta atrás... como un condenado en el corredor de la muerte. Bueno, ¡peor que en el corredor de la muerte...! ¡Porque tú ni siquiera puedes llamar al gobernador de Texas para que te indulte!

Hombre, habrá gente a la que no le importe volver... Porque a los que viven en Cancún, yo no me los imagino el 31 de agosto:

–Joder, qué putada, mañana vuelvo a Cancún...

A éstos lo que les debe joder es que llegue el verano y tener que largarse un mes o dos.

Y la vuelta de las vacaciones también cambia dependiendo del tipo de trabajo que uno tenga. Habrá gente que ni se entere de que ha vuelto. Por ejemplo, el rey. ¿Cómo nota que se le han acabado las vacaciones? ¿Porque cuando aparca el Mercedes no tiene que echar el ancla?

En fin, que llegas el primer día a la oficina, como si

fuera el fin del mundo, y te encuentras a toda la gente dándose abrazos, como si fuera Fin de Año. Que piensas: «Vaya mierda de vacaciones habrán tenido para alegrarse tanto de haber vuelto».

Pero te empiezan a contar, ¡y qué va! Todo el mundo se lo ha pasado mejor que tú. Mientras tú has estado en el bungalow de tus suegros en Torremolinos, el resto del mundo ha estado en unos destinos «súper».

–Pues yo he estado en la India, ¡qué supercolorido! ¡Qué superespiritual! ¡Qué súper... población! Eso sí, no toques a una vaca porque te echan del país... Y en Torremolinos, ¿qué?

–No, allí las vacas... lo que quieras. Tocarlas, comértelas...

Y entonces viene la frase terrible. Que no es: «Tenemos un montón de trabajo atrasado» ni: «Este año va a haber recortes», sino: «¿Quieres ver las fotos?».

¡Menudo coñazo! Yo no entiendo a esa gente que se empeña en enseñarte las fotos de sus vacaciones. Porque, vamos a ver, ellos alguna vez también habrán visto fotos de los demás... ¡Coño, saben lo que se siente! Yo creo que lo hacen para vengarse. Porque hay cosas que la gente no perdona. Un tío le está enseñando a otro sus tres rollos de Peñíscola y el otro sólo está pensando: «Ya verás el año que viene, cabrón... Te vas a cagar». Y eso explica que se hagan tantas fotos absurdas.

–Mira, mira, te voy a enseñar mis fotos de EuroDisney: éste soy yo con Mickey. Ésta es mi mujer con Mickey. Éste es mi hijo con Mickey. Y ésta es una copia para mandarle a Mickey.

La única forma de librarte de ver fotos es decir que tú también has estado allí. Pero tiene un peligro: que te salga un listillo de éstos:

–¡Ah! ¿También has estado en París? ¿Viste les Champs-Élysées?

Y tú:

–¡Ooooh! ¡Très bien, très bien…!

–¿Y L'Arc de Triomphe?

–Me güí, magavillosé…

–¿Y el Moulin Rouge?

–¡Oh! ¡Qué peliculón!

Pero todo esto tiene una parte buena. Acabas tan agobiado que te entran ganas de sentarte delante del ordenador y comienzas de una vez a… jugar al Tetris. Y ahí sí que te entra angustia: ahora no pasas de la segunda pantalla.

Y te empiezas a acordar de tu mujer y de los niños, que siguen en Torremolinos. Y dices: «Los voy a llamar. Pa' joder».

–Hola, cariño. Huy, te he despertado… Pero ¿qué hora es en Torremolinos?

Y ella:

–¿Qué quieres?

–Pues… ¿qué te iba a decir…? Esto… ¿se aprendió ya la niña el *Aserejé*?

–¡Carlos! ¡Son las ocho de la mañana! ¿Te pasa algo?

–Pues sí, mira… Tengo angustia, se me cae el mundo encima… no sé si me entiendes.

Y me dice:

–Tú lo que tienes es una depresión posvacacional. Pero no hagas caso, que te conozco, verás cómo este año enseguida pasas de pantalla.

¿Depresión posvacacional? Me fui a internet a ver qué era eso y leo: «Síntomas: ansiedad, desgana, tristeza, dificultad para concentrarse, irritabilidad, odio al trabajo…». Ahí me dije: «Coño, pues es verdad: yo tengo esto. Desde los doce años».

Y, claro, esto de la depresión posvacacional tiene un peligro: ¿qué haces? ¿A quién acudes? A un psiquiatra, vale. Pero si el tío acaba de volver de vacaciones, acabáis los dos suicidándoos. ¿Se imaginan?

–Doctor, lo veo todo negro. La vida es una mierda.

Y el tío:

–¿Una mierda? ¡Una puta mierda!

–Ya, ¿y qué puedo hacer, doctor?

–Pues no sé. ¿Quiere usted ver mis fotos?

No. El remedio a la depresión posvacacional no está en los psiquiatras. El mejor remedio a la depresión posvacacional es encender la tele y oír: «Ola de frío en Alicante. Las playas se quedan desiertas». Y que tu mujer te llame por teléfono y te diga:

–Cariño, volvemos mañana. Tengo una angustia...

La basura

Hasta ahora creíamos que la cara era el espejo del alma. Pero ya no, porque ahora existe Corporación Dermoestética. En estos tiempos, el verdadero espejo del alma es... la basura. Para empezar: mirando la basura de alguien puedes saber a quién pertenece. Si sólo hay cajas de pizza y condones, es de un soltero. Si la basura es variada, es de una familia. Y si no hay basura, ¡es de un restaurante chino!

Pero, además, a través de la basura se puede descubrir quién sabe sacarle partido a la vida y quién es un cutre. Porque hay gente que se gasta un dineral en una televisión extraplana... y luego se compra las bolsas de basura en un «Todo a cien», renunciando así a uno de los mayores placeres de la vida: ¡las bolsas de basura... con asas!

¡Dónde va a parar! Las bolsas sin asas son como unas bragas sin goma. ¡A ver cómo sujetas eso! ¡Menudo numerito para cerrarla...! Que tienes que estirar el plástico hasta que se queda transparente... Y cuando por fin consigues juntar las dos puntitas para hacer un nudiiitiiito, levantas la bolsa, vas por el pasillo y notas que el hijoputa del nudito empieza a deslizarse lentamente... Y tú: «Aguanta, aguanta». Y corres hacia la puerta, pero no puedes correr normal: vas como un pato. Y el nudito va exhalando su último aliento y, justo cuando bajas el picaporte, el nudito hace: «Fiuuuggg... Plof».

Y tú:

–¡Coño, justo hoy que había macarrones...!

Otra cosa que nos delata es la cantidad de basura que generamos. Por ejemplo, un jubilado siempre baja una bolsita blanca con un cuello de pollo y un cogollo de lechuga... Sin embargo, una madre de familia baja una bolsa llena todos los días. Y si no está llena, da igual. Hay que bajarla todos los días. Cuando dan las diez, en todas las casas se oye:

–¿Es que nadie va a bajar la basura?

Y siempre se escuchan las mismas respuestas:

–Yo ya me he puesto el pijama...

–Yo estoy estudiando...

–Yo estoy leyendo la Biblia...

Cualquier cosa antes que bajar la basura.

Pero las madres son implacables, parece que van a comisión con el del vertedero. Te obligan a bajarla como sea. Vamos, que tú vuelves después de dos días de marcha, borracho y sin la moto y tu madre te dice:

–Debería darte vergüenza... ¡Irte sin bajar la basura!

Y, claro, por culpa de tu madre pillas tal trauma que cuando te vas a vivir solo bajas la basura dos veces... al año. Si eres soltero, tú no bajas la basura hasta que un día te da por ducharte y ves que no puedes ni entrar en la bañera. ¡Ese día bajas la basura! Por supuesto, en un solo viaje: agarras seis bolsas en cada mano, llamas al ascensor con la nariz, abres el portal con el pie y cuando llegas al contenedor, está hasta arriba. Que piensas: «Pero bueno, ¿es que a todo el mundo le ha dado por ducharse hoy?».

Y es que bajar la basura es un rollo. Y, además, en realidad no hace falta bajarla todos los días. Hay contenedores alternativos. Por ejemplo: las macetas. Todos sabemos lo buenos que son los restos de café o las mondas de naranja para las plantas. Sobre todo, si las plantas son de plástico. Y si no, siempre está el váter. Aunque también tiene sus pegas... ¿Cómo es posible que el váter se pueda tragar los restos de una paella para doce y, sin embargo, no se trague una colilla?

Luego hay cosas que nadie tira a la basura, porque todo el mundo sabe que se desintegran por sí mismas, como lo que suelta la goma de borrar, que va al suelo directamente, y nunca vuelves a saber de ella... O las uñas de los pies...

Y también hay otras cosas que todos nos resistimos a tirar. Como los frascos de champú. ¿Se han fijado en que antes de tirar el champú lo tenemos boca abajo una semana? Es como si antes de enterrar a alguien lo tuviéramos haciendo el pino quince días. Y cuando ya no sale nada del frasco, lo rellenas con agua y te lavas con la espumilla. Y es que nunca nos acordamos de comprar el champú. Con el champú, pasa lo mismo que con los condones: sólo te acuerdas de ellos cuando estás en bolas.

Lo que está claro es que bajar la basura da mucha pereza. Yo creo que deberíamos inventar algo para motivarnos. Por ejemplo, para que la bajásemos los hombres, deberían poner una canasta encima del contenedor. Y que hicieran torneos por bloques. ¡Cómo cambiarían las cosas! Me imagino a mi madre:

–Nancho, ¿dónde vas otra vez con la basura?

–Mamá, es que tengo partido...

Y para que las mujeres tirasen la basura con ilusión, las bolsas podrían ser de Dolce & Gabbana o de Versace. Y así podrían comentar:

–Ay, hija, ¡qué bolsa tan ideal!

–¿Te gusta? Pues no tiene nada... un par de mondas. Y tú, ¿cómo es que me llevas bolsa negra?

–Pues chica, porque me hace más delgada.

Entonces sí que la gente se pelearía por bajar la basura, y no como ahora, que hasta te la encasquetan cuando vas de visita.

–¿Ya te vas? Oye... ¿te importa bajar la basura?

A mí esto me jode mogollón... Excepto cuando me lo pide una chica. Porque si una chati me dice:

–Nancho, bájate la basura...

Yo sé que, en realidad, me está diciendo:

–Mira en mi basura y conóceme a fondo.

Mentiras

Libros de autoayuda

Hace unos meses yo estaba pasando una mala época porque me iba fatal con las tías... Vamos, que hacía seis meses que, por no echar, no echaba ni la primitiva. Bueno, que empecé a pensar tonterías: que no era atractivo, que no estaba cachas... Tenía la autoestima por los suelos. Así que un amigo me regaló un libro de autoayuda... Y yo me dije: «Bueno, si esto me va a ayudar con las mujeres...». Empiezo a leerlo y pone: «Si no somos capaces de darnos a nosotros mismos el amor que necesitamos, jamás lo encontraremos fuera. Nuestro tiempo a solas puede ser tan satisfactorio como el que pasamos con otras personas». ¡Pues vale, tío listo...! ¿Qué te crees que llevo haciendo seis meses? Claro, ¡ahora entiendo por qué lo llaman «autoayuda»!

Luego, tu amigo te explica que la cosa no va por ahí... Que se trata de aceptarse a uno mismo, de quererte como eres...

Así que sigues leyendo y pone: «Nuestro cuerpo es un templo precioso». Lo que me faltaba, que me vacilaran, ¿sabes? «Un templo precioso...» ¡Coño, esto estará muy bien si eres Claudia Schiffer, pero si eres Jesús Gil...! ¡Lo tuyo no es un templo, es la basílica del Vaticano!

Y sigo leyendo: «Si hay alguna parte de tu cuerpo con la que no te sientes a gusto, dedica cada día un rato a enviarle amor». ¿Qué quieren? ¿Que me bese los flotadores? Si tuviera flexibilidad para llegar allá abajo no necesitaría a nadie...

Pero mi problema no es que me sobre barriga, sino que me falta voluntad. Así que me compré otro libro: *No tengo voluntad.* ¡Y eran todo ejercicios! Que yo decía: «¡Pero bueno! ¡Me compro un libro porque no tengo voluntad y me mandan ejercicios...!». Es como talar árboles para evitar incendios... ¡Eso no se le ocurre a nadie...! Y, encima, traía un vídeo, y yo no tengo vídeo. Ahí me di cuenta de que necesitaba otro libro: *No tengo voluntad ni vídeo.*

¡Pero no existe! Y mira que es raro, porque en libros de autoayuda hay de todo: yo me fui a una librería y flipé con los títulos, ¿eh? Os juro que son todos ciertos.

Yo allí, leyendo:

Risoterapia: «Lo más sano del mundo es reírse. Tienes que reírte mucho...». ¡Coño, esto sí que lo hago yo...! «... pero con los demás, no de ellos». ¡Mierda...!

Cómo decir no sin sentirte culpable. ¡Mira, éste se lo han leído todas las tías...!

Y luego, al lado, había otro que se titulaba: *No digas que sí cuando quieras decir no.* ¡Eso!, a las pocas que quieren... ¡hazlas dudar...!

Cómo no ser una madre perfecta. Éste lo debe de haber escrito Carmina Ordóñez.

No puedo ser más alto pero puedo ser mejor. ¡Coño, y éste lo tiene que haber escrito El Fary! Pero no, no, no puede ser... porque al Fary no hay quien lo mejore...

Lo que tu madre no te dijo y tu padre no sabía. O sea, que soy hijo de un amigo de mi padre...

Adelgazar durmiendo. ¿Durmiendo dónde? ¿En una sauna?

Y, de repente, veo uno que ya era la leche: *Autoayuda para tus nervios.* Sí, lo que me faltaba, encima voy a apoyarlos...

Pero el colmo fue uno que se titulaba: *No me engañarán más.* Precio del libro: doscientos euros.

Me compré dos. Y decía cada cosa el libro...: «El amor y el perdón nos sanan a todos». El amor y el perdón nos sanan a todos... ¡Coño, claro, ésa era la frase! Y nosotros toda la vida como gilipollas, diciendo: «Esto no es lo que parece».

Si es que la mayoría de estos libros son un timo. Por eso siempre ponen testimonios de gente que vive muy lejos. Te sale Wynona Beverly McGuire, de Alabama, y te dice: «Gracias a este libro he superado mi adicción al móvil». ¡Coño, no vas a ir hasta Alabama para comprobarlo! Como mucho, la llamas, y si lo coge es que es mentira.

Pero, en cualquier caso, los americanos siempre tienen más credibilidad. Tú imagínate que, en vez de Wynona Beverly, de Alabama, sale Manolo González, de Villaconejos: «Con los libros de autoayuda estoy aprendiendo a superarme a mí mismo. Hasta mi novia lo nota. Ayer me dijo: "Cariño, hoy te has superado... No hay ni una gota en la taza del váter... ¡Están todas en el suelo!"».

Además, yo creo que estos libros, en todo caso, funcionarían si sólo te los hubieras leído tú. Porque tú te puedes leer *Cómo pedir un aumento,* pero como tu jefe se haya leído *Aprenda a decir que no...,* ya la has cagado. No, y seguro que cuando te fueras del despacho hecho polvo, para que no te agobiaras, te diría:

–El perdón y el amor nos sanan a todos...

Y tú: «¡Joder, lo que faltaba! ¡Encima se está acostando con mi mujer!».

El sexo es un coñazo

Hoy en día, todo el mundo dice que se lo pasa de puta madre en la cama. Yo no lo dudo. Lo que no me trago es que sea haciendo el amor.

Porque, francamente... el sexo es un coñazo. Lo que pasa es que está sobrevalorado. Vamos a ver: ¿cuánto dura el orgasmo masculino? Pues, el orgasmo-orgasmo, propiamente dicho, dura... yo qué sé, lo que tarda uno en tomarse un chupito. ¿Y para eso tanto trabajo? Quedar, ducharse... convencerla. ¡Joder! Al menos para lo del chupito no tienes que convencer al camarero.

–Venga, tonto, pónmelo, si no te va a pasar nada...

Pero hay muchas más cosas que me cabrean del sexo. En primer lugar, el sexo es sexista. Porque hay que ver lo mal vista que está la eyaculación precoz. Y, sin embargo, una tía que llega al orgasmo en cinco minutos, ¡se la rifan! Coño, ¡esto es una injusticia! Es como si en las Olimpiadas, a la tía que gana los cien metros le dan una medalla, y al tío... lo llevan al sexólogo.

El sexo está bien al principio... por la novedad, pero en cuanto empiezas a practicarlo en pareja la cosa se jode.

Por ejemplo, intentar tener un orgasmo simultáneo es imposible. Es como pretender ponerse de acuerdo para eructar al mismo tiempo. Eso no hay quien lo controle. ¿Ustedes han visto parejas que eructen a la vez? ¿Se imaginan? Él, eructando de repente, y ella:

–Eres un egoísta, no me has esperado.

Acabaríamos todos fingiendo los eructos.

Además, si eres tío, el sexo es como la mafia: nunca puedes decir que no. Siempre tienes que tener ganas. Un ejemplo: yo estoy en una exposición de arte figurativo etrusco –una cosa muy común– y llega Naomi Campbell y me dice que quiere hacer el amor conmigo –algo también muy común–. Bueno, pues si le digo que no me apetece, al día siguiente media España piensa que soy gay. En fin, que al final haces un esfuerzo y acabas acostándote con ella... pero por el qué dirán.

¡No hay derecho, joder! Es como si vas a un restaurante, no te apetece solomillo y el *maître* va por ahí diciendo que eres vegetariano. Aunque hay *maîtres* que hacen cosas peores: te hacen sentir como si te estuvieran haciendo el amor. Se pegan toda la comida vigilándote para ver cómo te lo pasas. Y luego te preguntan:

–¿Le ha gustado al señor?

Que te dan ganas de decirle:

–Sí. ¿Y usted ha disfrutado, o me lo he comido demasiado rápido?

Pero lo que ya me parece una vergüenza es esa gentuza que se gana la vida con el sexo: los sexólogos. El sexólogo es un tío que va de experto porque tiene un diploma en la pared firmado por el rector de la universidad. ¡Pues vaya! Lo que tenía que tener es una declaración jurada de su mujer.

Porque, ¿qué pasa? ¿Que el rector se ha acostado con él? ¿Y cómo sé yo que a mi chica le va a gustar lo mismo que al rector?

Además, todos los sexólogos te dicen lo mismo: «Al

sexo hay que echarle imaginación». ¡Coño, con lo incómodo que es eso! Antes, todo lo más, había dos posturas: me apetece o no me apetece. Pero ahora... ¿ustedes han leído el *Kama Sutra*? Para echar un polvo tienes que ser Nadia Comaneci.

Que si «la carretilla»..., que si «el molinete»..., que si «la variante de la medusa»... ¿La variante de la medusa? ¡Joder! ¡Si yo no sé ni hacer la medusa!

Otra cosa que te dicen mucho es que «en el sexo todo está permitido si los dos están de acuerdo». Ya, pero si somos tres y uno no quiere, ¿qué? ¿Aplicamos la mayoría y que se joda?

Pero lo peor de esto de las innovaciones es que te conduce a perversiones muy estúpidas. Por ejemplo: insultarse mientras se hace el amor. Tú estás allí intentando hacer la medusa, controlando la eyaculación... y ella:

–¡Cerdo, bestia, animal...!

Y claro, al final te calientas y le dices:

–¡¿Y tú... lo mal que aparcas?!

En fin, está claro que el sexo es un coñazo. Porque... además, si es del género tonto... Si el sexo fuera tan bueno como dicen, el PP ya lo habría privatizado.

Cosas que damos por hecho

¿Saben una cosa? Yo, desde que le volaron un lado al Pentágono y se volvió cuadrado como un parchís, ya no me fío ni de mi madre. Y es que da que pensar: mira que si todas las «grandes verdades» que nos han contado desde siempre van a ser mentira... Claro, ¡si es que me tenía que haber dado cuenta cuando, a los trece años, no me quedé ciego a pesar de lo que decían los curas!

Ahora me lo cuestiono todo.

Por ejemplo: que el hombre ha estado en la Luna. ¡Ja! ¡Eso fue un montaje de los americanos! Vamos a ver, piensen un poco: cuando Colón vino de América trajo... pues lo que había que traer: tabaco, chocolate, patatas... ¿Y qué trajeron éstos? ¡Cuatro piedras que las puedes encontrar en cualquier obra! ¡Bah! Además, cuando llegaron a la Luna había luz... Y todo el mundo sabe ¡que la Luna sólo sale de noche!

Hay que ver la cantidad de cosas que damos por hecho sin cuestionárnoslas: que la zanahoria es buena para la vista... que «abanibí, aboebé» quiere decir «te quiero amor»... que si tuerces los ojos y te da un aire, te quedas bizco... ¡Buah! O eso de que si te adelantas cinco minutos el reloj, llegas puntual... ¡Coño, para eso te lo tendría que adelantar otra persona a escondidas!

Otra cosa que nos hemos tragado sin rechistar: que

los números son infinitos. ¡Pues el uno es muy finito...!

Además, ¿cómo lo saben? ¿Es que tienen a un tío dedicado durante toda su vida a contar y a contar...? Pues, como mucho, podrá decir que «los números son infinitos... por ahora».

Es como eso de que «sólo usamos el diez por ciento de nuestro cerebro». Pero, vamos a ver: si nadie usa más del diez por ciento, ¿cómo sabemos que hay más?

Yo entiendo que haya cosas que demos por hechas... por pereza. Pero hay otras cosas muy fáciles de demostrar, y nadie se molesta. Como... ¡que la mierda sabe mal! El único que se molestó en comprobarlo es el que extendió el bulo. ¿Y cómo sabemos que no lo hizo para comérselas todas él?

Otra cosa que damos por hecha es que los loros hablan.

Pues yo me compré un loro y... hablaba tanto como un paquete de Maizena. Y me dijeron:

–No, es que le tienes que dedicar tiempo.

Y yo todo el día con el loro:

–Lorito guapo, lorito guapo...

Y, claro, mi novia...

–Le dedicas más tiempo al loro que a mí.

–Claro, cariño, pero es que tú ya hablas...

A mí ya no me venden más burras. Yo lo compruebo todo, ¿eh? ¡La luz de la nevera! Todo el mundo da por hecho que cuando cierras la puerta de la nevera se apaga la luz. Pero es imposible comprobarlo... ¿Qué haces? ¿Metes al loro para que te lo cuente? Te va a dar lo mismo, porque como no habla...

Pero si hay alguien del que no dudamos, es del médico. Tú vas al médico y le cuentas tu drama con las hemorroides con total confianza. Pero ¿cómo sabes que ese tío es el médico? ¿Porque lleva bata blanca? ¿Y quién te dice a ti que no es el del anuncio de Calgón... y que te va a prolongar la vida de la almorrana...?

Lo último es querernos convencer de que «Teruel existe».

¡Anda ya! Si existiera... ¡se sabría!

En fin, y ahora en serio, yo ya no creo ni en lo más sagrado. Sí, sí, porque... ¿cómo sabemos que las cenizas que nos dan después de un entierro son las de *nuestro* muerto? Es más: ¿cómo sabemos que realmente los incineran? Porque allí entra el ataúd por una cinta, como la de las maletas del aeropuerto, y desaparece... como las maletas del aeropuerto. ¿Quién te dice que tu abuelo no está en Sidney y tú tienes en casa a un canguro incinerado?

Que hablando de incinerar... cuando pides una bombona de butano, tú das por hecho que la bombona viene llena, pero... luego, unas se acaban antes que otras. ¿Y por qué nos fiamos? ¿Porque el butanero llega jadeando?

–¡Ah, vale, viene llena!

Pero, hombre... ¡por Dios! ¡Que es un profesional! ¡Está fingiendo! ¿O tú te crees todos los jadeos que oyes?

Yo, antes sí. Pero esto de dudar de todo me está empezando a traer problemas. Porque antes yo daba por hecho que mi mujer disfrutaba en la cama. Pero ahora... ya no me fío... Estoy atento a todos los detalles. He oído en la radio que cuando una mujer disfruta, los dedos de los pies se le estiran y se le abren en abanico, como a las ranas. Pero, claro, esto en plena faena, es muy difícil de ver, así que yo le voy a poner a mi mujer unos cascabeles en los dedos. ¡Y como no suenen... me va tener que explicar por qué coño grita tanto!

Los animales son gilipollas

La semana pasada fui a domiciliar la nómina al banco y me regalaron un DVD y una colección de setenta y cuatro documentales de animales. Pues me los he visto todos... ¡Para una vez que el banco me da algo...! ¡Y oye, aprendes unas cosas alucinantes! Por ejemplo, ¿ustedes sabían que una rata puede tener hasta veintidós crías? ¡Para que luego la llamen rata, con lo que cuesta criar a un hijo! Bueno, y por lo visto, si a una cucaracha le cortas la cabeza, puede seguir viviendo. Lo que pasa es que a los pocos días se muere de hambre porque no puede comer.

La verdad es que el reino animal es alucinante. Tú comparas a los animales con los humanos y te das cuenta de que los animales son... gilipollas. Si no, ¿cómo se explica que los ñus crucen el río todos los años por el mismo sitio? ¡Joder, el cocodrilo ya se lo sabe y todas las temporadas se carga a cinco o seis! Que ya tiene que ser cabezón el jefe de la manada... Y lo malo es que lo tienes que aguantar hasta que un día llega otro más joven, le pega una paliza y dice: «¡Se acabó! Ahora mando yo, y a partir de este año vamos a cruzar el río... ¡por el mismo sitio!».

Vamos, que el año que se retrasan me imagino yo al cocodrilo diciendo: «Coño, si hemos quedado, hemos quedado... ¡Que llevo seis horas haciendo el tronco...!».

Y eso que dicen de que los animales tienen un sexto sentido para percibir el peligro... ¡Anda ya...!

Por ejemplo, las gacelas. En todos los documentales se cargan a tres o cuatro. Aunque el documental sea de arañas malayas, mueren tres o cuatro gacelas. Coño, que digo yo que las gacelas ya se podrían haber dado cuenta de que el peligro no es una manada de veinticinco leones. ¡El peligro es una cámara de National Geographic!

Que ésa es otra... Vale que la gacela no vea al león, que se esconde en la maleza, ¡pero que no vea al cámara, al de sonido, el Land Rover...!

Pero los animales son gilipollas por muchas más cosas, ¿eh? Por ejemplo, los lobos son monógamos. ¡Que ya tiene mérito! Estando rodeados de lobas... Y hay muchos más: los pingüinos, los gansos, los guacamayos... ¡Que ya hay que ser tonto! Cientos de hembras para elegir, nadie te va a decir nada porque el papa, todavía, no se mete en eso y vas... ¡y te encoñas con una!

Lo dicho: que los animales son gilipollas. Lo que pasa es que tienen muy buena prensa. Vamos a ver, ¿por qué a un tío que es muy bueno en la cama se le dice que es un animal? ¡Si los animales en la cama son un desastre! En el capítulo 73, «Tu amigo el conejo», dicen que la cópula del conejo sólo dura cinco segundos y después se caen de espaldas. Como... nosotros.

Bueno, y eso de... «mi marido es como un tigre»... Pues como no sea porque tenga la cola a rayas... Porque los tigres tampoco son un ejemplo de potencia sexual, ¿eh? En «Tu amigo el tigre», capítulo 58, he visto yo que copulan durante unos diez segundos, dos a tres veces por hora, durante unos cuatro días. Que suena muy bien... ¡la leche! ¡Cuatro días follando! Pero echando cuentas y sumando todo... salen dieciséis minutos de polvo ¡al año! Yo no es por echarme flores, pero al año... ¡mis diecisiete minutos no me los quita nadie!

Y éstos son los más normales... Porque hay algunos, como los caracoles, que son hermafroditas: macho y hembra a la vez. Estos animales tienen que pasar una adolescencia terrible: «Ay, no sé si hacer la comunión de marinero o de princesa»; «Ay, no sé si leer el *Hola* o el *Marca*»; «No sé si salir del armario o de la cómoda»... Y lo peor de todo: ¡de una paja te puedes quedar embarazado!

Y luego están las ostras, que no son hermafroditas, pero que pueden cambiar su sexo cada siete días. Mira, esto, por lo menos, es práctico. Tu mujer: «Tengo cita para el ginecólogo, pero no voy a ir». «¿Y eso?» «Pues porque me la ha dado para la semana que viene.» «Bueno... pues voy yo.»

Pero el animal más gilipollas de todos es el macho de la mantis religiosa, que después de copular, es devorado por la hembra. Claro, entre amigas mantis, las preguntas toman otro significado: «¿Qué tal Paquito? ¿Te ha gustado?». «Bueno... un poco soso.»

Desde luego, ya hay que estar salido para jugarse la vida por un kiki. Y, además, que no les pilla de sorpresa. «Oye, Paquito ¿tú has quedado con Estrellita para...?» «Sí, es que nos queremos mucho.» «Vamos a ver, Paquito, ¿de qué murió tu abuelo?» «Se lo comió mi abuela.» «¿Y tu padre?» «Se lo comió mi madre.» «Y tú has quedado con Estrellita para copular... ¿y no tienes miedo?» «No, hombre, no... Nosotros nos queremos. Además, lo haremos con condón.»

Pero lo peor de ser mantis no es que te maten, lo peor es que los faroles te los pillan enseguida: «Coño, Pepe, qué alegre vienes». «Es que me he tirado a la del quinto.» «Sí, claro... Por eso estás aquí, tomando cervezas con nosotros.»

Este comportamiento sexual sólo tiene una cosa buena: cuando tu novia te dice: «Me he acostado con tu amigo Emilio». Que tú piensas: «¡Que se joda!».

Pesimistas

A mí la gente me dice que soy un pesimista porque siempre veo la botella medio vacía. Pero ¡coño, si me la he bebido yo...! ¡Eso no es ser pesimista, es ser realista!

Además, yo no entiendo por qué los pesimistas están tan mal vistos. Cuando los mayores avances de la humanidad se los debemos a ellos... Por ejemplo, si a un optimista le cae una manzana en la cabeza mientras se echa la siesta, lo que piensa el tío es:

–¡Qué bien, ya tengo el postre!

Sin embargo, le cae encima a un pesimista ¡y descubre la ley de la gravedad! Hombre, hay que reconocer que éste se pasó un poco de pesimista, ¿no? «Ley de la gravedad.» ¡Coño, que te caiga una manzana no es tan grave! Si le llega a caer un coco...

Y luego, la mayoría de los inventos también se los debemos a ellos: los seguros de vida, la red de los trapecistas, la goma que recubre el mando a distancia, el típex... ¡Si han inventado hasta un airbag para los coches fúnebres! Que ahí es verdad que también se pasaron... Porque al muerto no le va a ser muy útil... ¡Coño, es como si antes de incinerarte te embadurnaran de *aftersun*!

Ahora, el mejor invento de los pesimistas es el condón. Claro, luego vinieron los optimistas a meter baza e inventaron la caja de doce. Que... no hace falta ser pesimista para saber que de los doce, once te van a caducar. Pero, bueno, no cabe duda de que los grandes inventos son obra de los pesimistas. En cambio, ¿qué han inventado los optimistas? ¡La Armada Invencible y la selección española!

Bueno... Y el *Titanic*. Yo me imagino a los pesimistas, allí:

–Oye, ¿no estaría bien poner más botes salvavidas?

–¿Para qué?

–Por si nos hundimos...

–¡Bah! Si nos hundimos... ¡pedazo película!

Si es que lo del *Titanic* fue la hostia de optimismo... Ya sabéis que cuando estaba hundiéndose aquello, los de la orquesta seguían allí tocando. Me los imagino diciéndole a la gente:

–No os vayáis, joder, que aceptamos peticiones...

Vaya manga de optimistas...

Y el capitán:

–Nosotros nos hundiremos, pero al iceberg lo hemos jodido.

Vamos, seguro que hasta hubo algún gilipollas que aprovechó el lío para mangar las toallas...

Sin embargo, los que están mal vistos son los pesimistas. Pero es por envidia. Sí, porque no es nada fácil ser pesimista. Y cuando los optimistas intentan imitarlos, no están a la altura. Por ejemplo, se ponen en plan pesimista y se inventan la rueda de repuesto. ¿Eso es pesimismo? ¡Coño, un verdadero pesimista no hubiera puesto una, hubiera puesto cuatro!

Además, un mundo donde sólo hubiera optimistas sería un desastre, porque, por ejemplo, no existirían los semáforos.

–Oye, ¿qué hago? ¿Paro en el cruce?

–¡Bah! ¿Quién va a ir a las ocho y media por la Castellana?

¿Y los médicos, qué? Si los médicos fueran optimistas llegarías a urgencias después de haberte dado una hostia de puta madre en la Castellana y el médico te diría:

–¡Bah! Esto no es nada. En cuanto encontremos la pierna, le damos el alta.

Y tendríamos que prescindir de muchísimos profesionales. Por ejemplo, no habría mecánicos. Porque ¿ustedes han visto alguna vez un mecánico que no sea pesimista? Tú tienes un pinchacito de nada y te sueltan:

–Huy, huy, huy... Le ha tocado la llanta, ¿eh? Y seguro que el palier está tocado. Habría que cambiar la dirección y pa' traer las piezas de Alemania... como mínimo dos meses... Y yo cobro por horas... así que calcule.

En cambio, un mecánico optimista se moriría de hambre. ¿Se imaginan?

–No se preocupe, hombre. Con esto aún puede tirar diez añitos más y en ese tiempo... malo será que tenga usted que frenar.

Además, en un mundo sin pesimistas, nadie podría tener novia, porque las novias son pesimistas por definición. Al principio, con cosas pequeñas: «A estas horas ya no van a quedar entradas, ¿eh?», «Para mí que la mayonesa estaba mala», «La camisa es muy bonita pero ya verás para plancharla...». Y luego ya, con cosas más serias:

–Creo que me he quedado embarazada...

–Pero si no hemos follado...

–Por eso digo que creo y no que estoy segura.

Pero, desde luego, los que no dan una son los optimistas. Sólo se ha dado un caso en la historia de la humanidad en que un optimista acertara: Aznar, cuando dijo: «España va bien...». Era verdad, iba bien... para como la iban a dejar.

Ligar con extranjeras

La mayoría de las parejas fracasan por problemas de comunicación: se comunican demasiado. Yo creo que para que una pareja funcione es fundamental que no hablen el mismo idioma. ¿Cuándo se jodió lo de Aznar y Pujol? ¡Cuando Aznar aprendió catalán!

Yo por eso ligo con extranjeras. Si es que, en la pareja, cuanto menos se hable, mejor. De hecho, ¿qué te dice una tía cuando vais a tener bronca?: «Tenemos que hablar». ¿Y cuando te deja?: «Si es que no me entiendes...». Y, claro, no sabes qué contestarle... Coño, una extranjera te dice: «No me entiendes» y tú le respondes: «Pues habla más despacio».

Y es que ligar con extranjeras está lleno de ventajas. De entrada, para ligarte a alguien de aquí tienes que ser gracioso. Eso, con una extranjera, lo tienes resuelto: con que hables en tu inglés, ya se descojona. Porque todo el inglés que sabes es el de los *40 Principales*. Y, claro, tú ves a una extranjera en una discoteca, te acercas y le dices:

–*Hello, pretty woman, are you living a celebration?*

Y la tía pasando de ti, y tú:

–*Come on, baby, light my fire*... Venga, mujer... *All you need is love*...

Y ahí ya empieza a reírse un poco, y entonces ya te creces:

–*Do you want to drink an...* Acuaaariuusss...?

Lo mejor de todo es que ella no te puede rechazar, porque malo será que sepa decir: «Me gustas, pero sólo como amigo». Y es que cuando hablas con alguien de otro país, el vocabulario se reduce a lo básico, diez palabras. Y, además, te pasa como a los futbolistas extranjeros: de las diez, tres son «gilipollas», «cabrón» y «follar». O sea, con tres palabras que crucéis, acaba saliendo el tema.

Y es que lo primero que aprendemos cuando vamos al extranjero son los tacos... Que, ahora que lo pienso, el papa tiene que saber cómo se dice «follar» en un montón de idiomas... Hombre... necesita saberlo, porque, si no, ¿cómo dice que es pecado?

Otra de las ventajas de tener una relación con una extranjera es que, al venir sólo por unos días, todo va superrápido. Les pasa lo que a la mosca de la fruta, que como sólo vive una semana, en siete días le tiene que dar tiempo a hacerlo todo. Que yo me imagino a las moscas entre ellas: «¿Sabes que Conchi ha perdido la virginidad?». «Pero si tiene dos días, ¡qué estrecha!» «Ya, es que se estaba reservando para el moscón de su vida... ¡Un tío muy mierda!»

Pero no todo es sexo. También está el intercambio cultural. Tú sales con una extranjera y te enseña cosas alucinantes; por ejemplo, que en tu ciudad hay museos. Pero, bueno, tú también le enseñas a ella cosas de tu cultura: que aquí invitar a la chica está mal visto, que aquí ducharse a diario está mal visto, que un Seat Panda de segunda mano es la hostia... Por eso se ven tan pocos...

Si es que las extranjeras son muy fáciles de impresionar, porque como no pueden hacer comprobaciones... Tú le dices:

–No, yo, en realidad, soy torero... *bullfighter,* lo que pasa es que estoy de baja por depresión.

Y, si duda, le enseñas la cicatriz de la apendicitis:

–Mira, *look, look, two trayectoris.*

¡Y la tía se lo traga! Claro que ella te suelta a ti que está saliendo con George Clooney. Y te lo crees... ¿Cómo no te lo vas a creer si te dice que eres mejor que él en la cama?

Además, con las extranjeras te sientes mucho más libre en la cama. Sí, porque, si quedas mal, ella no se lo puede contar a tus amigos. Hombre, se lo puede contar, ¡pero no le van a entender una mierda! A no ser que les diga: «*I can't get no... satisfaction!*».

De todas formas, ya es raro que yo quede mal con una extranjera, ¿eh? Sí, porque yo termino en cinco minutos y con decirle: «No, es que aquí... tardar más está mal visto»...

Ahora, lo mejor de una relación con una extranjera es que no tienes que andar recordando fechas. Te llega ella y te dice:

–¿Sabes cuántos días hacemos hoy?

Y tú:

–Dos...

–¡Te has acordado!

Y encima, como es extranjera, quedas de puta madre sólo con regalarle un mechero del Betis.

Cuando sales con una extranjera, no te importa comprometerte: haces como cuando instalas un programa de ordenador, que te hace un montón de preguntas en inglés y tú siempre haces clic en «Aceptar».

–¿Tú quieres mí?

–*Yes, yes, for ever and ever.*

–¿Y tú vas casar con mí?

–*Of course, of course, all my loving.*

–¿Nosotros escribimos cada día?

–*Yes, yes, stand by me, stand by me.*

Luego, con cambiar la dirección de e-mail...

Y, encima, cuando la chica vuelve a su país, sube tu cotización en el mercado nacional. Claro, porque las tías de tu entorno piensan: «Joder... si han venido de fuera para ligar con él, debe de tener algo que yo no he visto». Y tú:

–¡Chhh! ¡Y que era la novia de George Clooney!

La historia del dinero

Hoy me han asaltado en el cajero automático. Y cuando el tío ha visto mi saldo, me ha echado una bronca:

–Joder, tío, eres un manirroto. A día 6 y ya estás «pelao»... ¿Y si ahora tienes un imprevisto, qué?

Total, que me ha tenido que prestar algo.

Y es que el dinero es un problema. Pero no ahora, desde siempre. Antes de que existiera el dinero había algo llamado «trueque», que consistía en intercambiar cosas. Por ejemplo: yo soy pastor y tú eres carpintero... pues yo te hago un queso, y tú, a cambio, me haces un mueble aparador de ocho módulos. ¡Menuda jeta! De hecho, de ahí viene la frase «Te la están dando con queso».

No funcionó, claro. Todo el mundo quería hacerse pastor. Y, además, esto del trueque era un coñazo. Porque, por ejemplo, tú salías a tomarte unas cañas y para pagarlas tenías que ir cargado con un armario ropero. Y eso no era lo malo, lo malo era llegar al bar reventado... para que luego viniese uno y te invitara... ¡Y tener que volverte a casa con el armario! Ahí surgió la discusión esa tan típica del: «Pago yo». «No, no pago yo.» «No, no, joder... Pago yo, que tengo una contractura.»

Cuando se dieron cuenta de que lo de intercambiarse cosas era un coñazo, decidieron intercambiar servicios. Por ejemplo, yo soy pastor y tú eres carpintero... ¿Yo qué sé hacer? Ordeñar. ¿Y tú? Manejar el serrucho.

Pues yo te ordeño tu cabra y tú coges el serrucho y me talas todo este bosque de pinos. Los carpinteros estaban ya hasta los cojones. Que yo no sé cómo san José salió santo.

Definitivamente, el trueque no iba a ninguna parte; así que, por muy raro que parezca, en tiempos de los primeros griegos se empezó a utilizar la sal como material de intercambio. Se reunieron todos y uno dijo:

–A ver, ¿qué os parece si utilizamos como moneda de cambio lo que usamos todos para conservar los alimentos?

Y dijo un carpintero:

–¡Sí, por los cojones voy a ir yo cargando neveras!

Aunque esto de la sal tenía sus ventajas: no había pobres, había sosos. Pero también tenía grandes inconvenientes. Por ejemplo: tú volvías a casa después de doce horas de curro, con tu puñadito de sal, te caía un chaparrón y a tomar por culo el sueldo. Así que inventaron la moneda. Que digo yo, ¿por qué no inventaron el paraguas?

Porque la moneda tenía otro problema: que llevaba el retrato del rey, y los reyes de antes duraban muy poco. Y eso que trabajaban lo mismo que los de hoy. Ibas a comprar algo y a la hora de pagar te decía el tendero:

–Esta moneda no vale, este rey murió el mes pasado.

–Bueno, pero el de ahora es primo y se le parece. Algo valdrá esta moneda, ¿no?

–Sí, pero vale menos.

–Mira, tendero, me estás inflando los cojones...

Y esto llegó hasta nuestros días como la «inflación».

La inflación hace que el precio de las cosas sea muy relativo. Por ejemplo, los romanos sólo le pagaron a Judas treinta monedas de plata por Jesucristo. ¡Y eso que Jesucristo tenía las dos rodillas bien, no como Ronaldo! Hombre, por lo menos, los romanos no le dijeron a Judas:

–¡Como se lesione durante la Pasión, no cobras!

Pero lo peor de las monedas es que eran muy incómodas. Sí, porque como se llevaban en una bolsita colgando de la cintura, a la hora de cabalgar... aquello te iba dando en tus partes hasta que te dejaba impotente. Así que inventaron el billete. Que digo yo: ¿por qué no inventaron el autobús? Aunque, claro, sin billete, ¿cómo te subías al autobús?

Y luego ya se inventó la tarjeta. Que, básicamente, sirve para que te atraquen en los cajeros.

Lo dicho, el dinero no da más que problemas. Yo, francamente, creo que hay cosas mucho más importantes que el dinero. Eso sí: son caras de cojones.

Experiencias peligrosas

Los extraterrestres

El otro día fui al videoclub y me cogí *Independence Day*. ¡Qué agobio...! Tú imagínate que estás tan tranquilo y, de repente, tu ciudad se llena de naves extraterrestres... ¡Lo que nos faltaba para el tráfico...!

De todas formas, desde que vi esa película estoy hecho un lío con esto de los extraterrestres.

Para empezar, ¿por qué a los ovnis los llamamos «objetos volantes no identificados»? ¡Si no hay nada más fácil de identificar! Tú lo ves y es evidente que es un ovni. ¿Qué otra cosa hay que vuele y que sea como un plato, con otro encima para que no se enfríe la tortilla?

Y luego está el mito ese de que los extraterrestres están más avanzados que nosotros... ¡Pero si son una panda de «mataos» que se han quedado en los años setenta! Con esas lucecitas de discoteca que llevan en los platillos... Me los imagino en la nave, con la bola de espejos, bailando como John Travolta, con el dedo encendido.

Que ésa es otra: por lo visto, su máximo poder es que se les encienda un dedo. ¡Pues ya ves...! ¿Y qué es lo más agresivo que puedes hacer con eso? ¿Leer por la noche? No es por nada, pero nosotros hemos conseguido hacer linternas con radio que dan mucho más juego...

Si es que están muy atrasados, de verdad... Si no, no se entiende que se paseen en pelotas por toda la galaxia. Pero ¿qué pasa? ¿Que en su planeta no hay Zara?

Aunque, bien pensado... ¿Cómo sabemos que los extraterrestres que nos mandan a la Tierra no son mascotas de extraterrestre? Porque nosotros también mandamos perros al espacio. Que visto así, que ET consiguiera decir «mi casa» fue todo un logro. Y no se quedó ahí, enseguida empezó a decir «teléfono» y «sed buenos»... Vamos, que si lo dejan un mes más en la Tierra, ¡acaba firmando en la Feria del Libro!

En fin, yo no sé si serán mascotas, pero lo que sí son los extraterrestres es feos de cojones. Aunque tiene su lógica, porque los que vienen a la Tierra serán los de la NASA de allí... Y todo el mundo sabe que los más listos no solemos ser los más guapos...

De todas formas, lo de la belleza extraterrestre es relativo, porque son todos iguales. Que yo me pregunto: ellos... cuando ven dos tías verdes con membranas, ¿cómo saben cuál es la que está buena? Me los imagino en un andamio de la galaxia Ganímedes:

–¡Eso son antenas y no lo que echa mi madre al cocido!

Pero los extraterrestres, además de ser antiguos y feos, también tienen otras virtudes: son unos paletos. Con la cantidad de monumentos que tenemos en Europa, pues no sé... el Partenón, la Cibeles, el Museo del... Jamón, ellos vienen a ver ¡un descampado de Iowa! Es verdad, joder... ¡Siempre aterrizan en Estados Unidos! Por eso deben de pensar que en la Tierra no hay vida inteligente.

Lo que todavía no he podido averiguar es qué quieren de nosotros. Porque los tíos atraviesan quinientos millones de años luz, para luego llegar aquí, abducir al primero que pillan y meterle una sonda por el culo.

Pero sin preguntar ni nada, ¿eh? Me parece muy poco elegante... Yo creo que si preguntaran, habría muchos que se ofrecerían voluntarios.

Claro que, bien pensado, ellos tampoco entenderán muy bien qué queremos nosotros de ellos. Porque cuando salimos al espacio, atravesamos también un montón de kilómetros y cuando llegamos allí, salimos un momentito, vestidos de apicultor, y clavamos una banderita al lado de un cráter. Que ellos pensarán: «Pues sí que se han venido lejos a jugar al golf... Cuando se enteren de que no hay gravedad...».

A lo mejor es por eso por lo que se esconden, para que no les demos un pelotazo. Porque ésa es otra: en la Tierra raro es el fin de semana que no se ven cinco o seis ovnis, pero es salir al espacio... ¡y ni uno! Es que te desmoralizas, joder... Ni que fuésemos a meterles una sonda por el culo...

En fin, no hay quien se aclare. De hecho, ni siquiera sabemos si existen o no. Yo creo que uno de los problemas que tiene demostrar la existencia de los ovnis es la poca credibilidad que tienen todos los que han avistado uno. ¿Ustedes han visto la cara que tienen los que salen por la tele diciendo que han visto un ovni? ¿Esa cara se les quedó cuando vieron el ovni o ya la tenían antes?

Y, además, todos cuentan la misma historia. Siempre son tíos que venían de una fiesta, de noche, por una carretera abandonada. Y siempre pasa lo mismo: de repente, aparece una luz intensa e intermitente, y dos seres verdes les saludan en idioma extraño... ¡Eso no son extraterrestres, imbécil! ¡Es la Guardia Civil!

Cirugía estética

¿Saben quién es el mayor enemigo de la cirugía estética? El mayor enemigo de la cirugía estética es la mujer que nunca se la ha hecho. Vamos, es que como se te ocurra hablar bien de una «operada», las tías se lo toman como una ofensa personal.

Tú le dices a tu mujer:

–¡Joder, qué bien está Cher! ¡Con sesenta años que tiene!

Y te suelta:

–¿Y qué mérito tiene estar así, si se ha hecho veintitrés operaciones?

Bueno, ¿y qué importa? Eso es como ir a ver la catedral de Burgos y decir: «¿Y qué mérito tiene, si está restaurada...?».

Mi mujer, además, tiene una intuición para detectar operaciones... Estábamos el otro día viendo el programa de José Luis Moreno y, de pronto, sale una chica en sujetador, y me dice:

–Operadas.

Y yo:

–¿Cómo?

–Las tetas, operadas.

¿Y qué? ¡Qué manía con descubrir secretos! Cuando estamos viendo *Urgencias* y a ella se le van los ojos detrás de George Clooney, yo no le digo:

–No es médico.

Y ahí no queda todo. Ella sigue:

–Yo no sé cómo a algunos tíos les puede gustar eso. Tocar unas tetas operadas tiene que dar un repelús... ¿O no?

Y tú miras a la chica del sujetador y, por no discutir, dices:

–Vamos, yo, operada, no toco... ni la rodilla de Ronaldo.

Pero tú realmente piensas: «¿Y qué problema hay?». Si a los tíos nos encantan las cosas artificiales: los cheetos, los donuts, la inteligencia... Además, ¡las cosas de plástico son mucho mejores! Los vasos de plástico... ¡no hay ni que fregarlos!

Pero si ver la tele con mi mujer es duro, cuando pilla una revista del corazón, ya es la leche.

–Si es que estas operadas no pueden ni hacerse fotos con sus hijos adolescentes, porque parecen mayores que ellas. ¿Tú no te has fijado en que Melanie Griffith, de sus tres hijos, sólo se hace fotos con Stella del Carmen?

La especialidad de mi mujer es detectar tetas falsas. Vamos, si tuviera el mismo olfato para detectar droga, trabajaría en Aduanas. Es que no hay forma de pillarla. Agarra la revista y empieza: «Belén Esteban. Se ha puesto», «Ana Obregón. Se ha puesto», «Paula Vázquez. Se ha puesto»...

Y yo:

–¿Rosarillo?

–Se ha quitado.

Y sigue:

–Huy, mira... Sara Montiel se ha quitado las manchas de las manos.

–Mujer, se las habrá lavado...

Pero ella a lo suyo:

–Huy, mira, mira... ¡Menudo *lifting*! Con la piel que le han quitado a ésta, podían hacer un Galindo...

Y como yo le digo:

–A ver, nena, una tía que se pasa veinte años dándose potingues hasta que se quita las patas de gallo de tanto frotárselas, ¿es cirugía?

Y ella:

–No.

–Vale. ¿Y si se las quita en diez minutos en un quirófano, sí?

–Pues sí. Porque hay anestesia.

–O sea, que el matiz es la anestesia. Vale, ¿Y si Cher hubiera aguantado el tirón mordiendo un palo?

Ahora que si mi mujer tiene un sexto sentido para las tetas operadas, mi suegra tiene el don de la oportunidad. Siempre aparece cuando estamos discutiendo.

–¿Qué hacíais?

–Pues nada, aquí, discutiendo con éste de la cirugía estética.

Y mi suegra:

–¡Aaaah...! Cariño, no le hagas ni caso y opérate como yo.

Y mi mujer:

–¿Que te vas a operar? Pero, mamá, ¿cómo vas a hacer eso?

–Pues con el seguro de vida de tu padre. ¡Pobrecito! ¡Con lo que él las hubiera disfrutado...!

La verdad es que lo de su madre le dio que pensar. Pero claro, cuando una mujer lleva toda su vida oponiéndose a algo, no cambia de opinión así, de repente. Por lo menos tienen que pasar dos horas.

Llega, al rato, y me dice:

–He estado hablando con mi madre y yo también me voy a operar las tetas.

–Pero... ¿para qué?

–Pues... ¿para qué va a ser? Para poder hacerme fotos con ella.

Y va la tía, me despliega un folleto de Corporación Dermoestética y me dice:

–A ver... ¿cuáles me pongo? Mira, las de mi madre son éstas. Y éstas son las de Naomi Campbell. También vienen en beis.

Y yo:

–Cariño, pero si a ti no te hace falta. Además, esas cosas habrá que decidirlas a medias. Las tetas son de los dos, ¿no?

–Vale, pues tú eliges una.

En fin, que está decidida... Y estoy hecho polvo. Es que... mi mujer no entiende que no es lo mismo una discusión teórica que pasar a los hechos. Que una cosa es estar a favor de reconquistar Perejil y otra... alistarte en la legión.

En casa de los padres de ella

Hace un par de semanas mi novia me dijo:

–Santi, mis padres te quieren conocer... Y les he dicho que vamos este fin de semana al chalet.

Pero bueno, ¡más padres! Si yo ya tengo... Debería estar prohibido que las novias tuvieran padres. Bueno, padres, ex novios, amigas, la regla... Claro que, entonces, no serían novias, serían revistas porno.

Cuando vas a pasar un fin de semana con los padres de tu novia, lo que se hace, sobre todo, es fingir: los padres fingen que no saben que dormís juntos. Y tu novia y tú fingís que sois como Pedro y Heidi... ¿Qué digo como Pedro y Heidi? ¡Como Clara y Heidi!

Antes de salir, ella me dijo:

–Santi, hay un problema. Vamos a tener que dormir en habitaciones separadas.

–Pero Marta... ¿Por qué?

–Hombre, por guardar las formas...

–Pero Marta... nuestras formas caben en una sola habitación.

–¡Ay, Santi! Mis padres, aunque sepan que dormimos juntos, no quieren que pase bajo su techo.

Pero qué obsesión tienen los padres con que «bajo su techo, no». ¿Qué pasa?, ¿que si nos subimos al tejado, sí? Además, ¿qué tipo de aberraciones harán los padres «bajo su techo» para que les asuste tanto que las hagamos nosotros?

El caso es que cuando llegamos, allí estaba toda la familia en la puerta, expectante, que le das la mano al padre y él:

–Mucho gusto...

Pero notas que está pensando: «Tú eres el cabrón que se acuesta con mi hija...».

Le das dos besos a la madre y ella:

–Encantada...

Pero notas que piensa: «¿Y tú eres lo mejor que ha encontrado mi hija?».

Saludas al hermano:

–¿Qué tal?

Éste, afortunadamente, no piensa, es un adolescente con *walkman*... Y llega la hora de saludar al abuelo. Tu novia lo besa. Y tú, ¿qué haces? ¿Lo besas también? Porque todo el mundo besa a los abuelos. ¿Es que a partir de los setenta un hombre ya no es hombre y hay que darle besos? ¿Qué pasa, que si le sacudes fuerte la mano le activas la próstata?

Yo entonces pensé: «Me los tengo que ganar...». Y le digo a la madre:

–Oye, Rosa, me recuerdas muchísimo a mi madre... Cuando te ríes te salen las mismas arruguitas por aquí...

Entonces ves que te pone una cara... que dices: «¡Coño, la estoy cagando!». Y lo intentas arreglar:

–Pero tampoco os parecéis tanto, ¿eh? Ella está más delgada... Bueno, quiero decir que... mi madre... más que delgada está esquelética, que parece enferma... ¡Vamos, que yo creo que a tu edad no va a llegar...!

Bien, ya sabes que a la madre no le caes bien. Y enseguida te lo demuestra...

–¡Hay que ver la de novios que has tenido, Martita...! Entre que te duran poco y que empezaste desde muy pequeñita... ¿Te acuerdas de Carlitos, que de pequeños jugabais desnudos en la piscina?

¿Cómo? ¿O sea, que cuando era sólo una niña la dejaban bañarse con hombres desnudos, y ahora que es mayor de edad, yo no puedo ni tocarla?

Pues no. En todo momento sientes los ojos de tu suegro clavados en el cogote: «Tú eres el cabrón que se acuesta con mi hija...». Que le estás dando crema a tu novia y lo sientes detrás de ti: «Tú eres el cabrón que se acuesta con mi hija...». Que nos sumergimos en la piscina para intentar darnos un piquito, y te lo ves venir buceando con los ojos abiertos: «Tú eres el cabrón que se acuesta con mi hija...».

Y es que, cuando te vas de fin de semana a casa de tu novia, tienes menos intimidad que los reyes en Baqueira. Vamos, que os tocáis menos que... los reyes en Baqueira.

Al final de la cena, conseguí acercarme a ella:

–Marta, no aguanto más, necesito verte a solas...

Y ella:

–Ay, tontito... Venga, cuando estén todos durmiendo te vienes a mi habitación... Que me he traído el tanga rojo.

Y a mí la palabra «tanga»... como que me da paz interior. Es como un mantra. Yo más que «Ommmm...», diría: «Tanga, tanga, tanga, tanga».

Y, por fin, llega la noche, y te toca meterte en una cama plegable, al lado del adolescente. Pero dices: «Bueno, en cuanto se duerma, me voy a por Marta». Pero el tío, ahí, con el *walkman*. Y a las dos de la mañana: «Pero ¿este tío no se duerme?». Me acerco y lo veo, catatónico, pero con los *walkman*. Me dio tanta rabia que fui a subirle el volumen al máximo... ¡Pero ya estaba al máximo! Entonces, por fin, me fui a buscar a Marta.

Si andar a oscuras por tu propia casa es difícil, imagínense en una que no conoces. Iba a tientas, alargando los brazos para no chocar, pensando en mi mantra: «Tanga, tanga, tanga, tangaaaa».

Y, de repente, toco una cosa blanda... Una cosa blanda que se mueve... Y pienso: «Ay... que ha venido a buscarme...». Y me tiro encima... «Un momento. Marta no es calva... ni huele a Vicks Vaporub... Y esto no es un tanga, es una sonda... ¡Coño, es el abuelo!». Y el hombre gritando:

–¡Me violan, me violan!

Allí salió todo el mundo, el padre, la madre, el adolescente... Marta en tanga... Y yo sólo pude decir:

–Es que iba al baño y me he perdido...

Y entonces noté que el padre ya no estaba pensando: «Tú eres el cabrón que se acuesta con mi hija...». Ahora pensaba: «Tú eres el gilipollas que casi se acuesta con mi padre...».

Miedo a volar

Yo tengo aerofobia. No confundir con aerofagia. Aerofobia es miedo a volar... y aerofagia es que casi puedes volar por tus propios medios.

Lo mío es miedo a volar. Pero justificado, ¿eh? ¿Por qué se creen que los pilotos se ponen en huelga cada dos por tres? ¿Para cobrar más? ¡Si no pueden! Es porque están acojonados...

A mí me hace mucha gracia cuando se dice eso de que el avión es el medio más seguro de viajar. Y hay que tragárselo, sin más... como una cuestión de fe... ¡Pues ni el tío con más fe del mundo se lo cree! ¿Qué es lo primero que hace el papa cuando baja del avión? Besar el suelo. ¿Alguien ha visto al papa besar el suelo al bajar del papamóvil? ¿Eh? Y eso que... ahora que lo pienso... el papa, cuando vuela, no tiene nada que perder, porque si se cae el avión él vuelve al cielo en dos minutos.

A mí el miedo me entra en cuanto llego al aeropuerto. Porque en los aeropuertos te encuentras cosas muy sospechosas. Es todo tan caro que dices: «Estos cabrones están pensando: "Vamos a sacarles la pasta antes de que la palmen..."». Los únicos que se apiadan de ti son los del *duty-free,* que te dejan más barato el alcohol y el tabaco... Pensarán: «Déjale que disfrute, si se va a matar...».

Hay gente que intenta quitarte el miedo con datos técnicos, pero lo único que hacen es acojonarte más: «Estos aviones pueden volar con dos de sus tres motores en llamas». ¡Coño!, entonces, ¿para qué le ponen tres? ¡Que le pongan uno, pero bueno! Y es que los motores que ponen ahora no aguantan nada. Ustedes habrán leído más de una vez que un avión se ha estrellado porque se le ha metido un pájaro en un motor. O sea: una gaviota choca contra un Jumbo... y gana la gaviota. Pues, mira, yo no sé para qué hacen misiles antiaéreos, pudiendo soltar mochuelos, que salen más baratos y, además, vuelan de noche.

Pero, por más que te joda, volar es como un tacto rectal: tarde o temprano, tienes que sufrirlo. Y eso suele coincidir con tu boda, lo de volar, digo. Porque no hay viajes de novios a Cuenca, ¡todos son a Cancún! Y, claro, tienes que ir, porque... normalmente, en tu noche de bodas... a ti te gusta estar presente.

Y ahí es cuando ya confirmas que la aviación es un peligro y que tu vida está en manos de un descerebrado. ¡Coño, hasta mi sobrino de seis años sabe que la distancia más corta entre dos puntos es la línea recta! Bueno, pues los pilotos... para ir a Cancún... ¡pasan por Canadá! Si un conductor de autobús para ir de Cádiz a Sevilla pasa por La Coruña, directamente lo linchan a la altura de Benavente.

Y, luego, ya en el avión, si hay algo que me pone *malo,* es que la gente no atienda a la azafata. ¡Hombre, por favor, la muchacha allí sola, hablando...! Que te dan ganas de decirle a la gente:

–Vale, vale, no prestéis atención, que cuando esto caiga en picado, ya vendréis a preguntarme...

Aunque, si lo piensas un poco, dices: «Tanta explicación, ¿para qué?». Que te explican hasta cómo usar la bolsa de vomitar. Y digo yo: si te caes desde diez mil metros, ¿de qué te va a servir la bolsita de vomitar? Lo único que faltaba es que, después de pegarte una hostia de diez mil metros, cuando llegues al suelo, encima te den arcadas.

Pero, bueno, una vez que despegas, todo va de cine. Sí. Te acuerdas de todas las películas de catástrofes aéreas que has visto. Especialmente de *Viven*. Ésa de un avión que cae en los Andes y en la que sus tripulantes acaban comiéndose a los fallecidos para sobrevivir. Que vas en el avión acojonado, mirando a todos lados: «Si nos estrellamos, ¿a quién me como?». Claro, luego pillas a un gordo mirándote y te dan ganas de decirle: «Por lo menos espera a que esté muerto, cabrón».

Yo lo que hago es ir todo el rato mirando la cara de la azafata, a ver si pone algún gesto raro. Que como la muchacha esté estreñida, yo voy jodido todo el viaje.

Sólo hay un modo de que yo viaje tranquilo en un avión: que en el mismo vuelo vaya un famoso de la tele. Porque piensas: «Éste no puede morir. ¿Cómo va a dejar la serie a medias?». Por ejemplo, si a Ana Obregón le pasa algo, ¿cómo van a llamar entonces a su serie...? *¿Y los siete?*

A mi amiga y a mí nos gusta el mismo chico

Mi compañera de piso se ha enamorado de un chico... Es guapo, simpático, inteligente... Pero no me gusta para ella.

Me gusta para mí.

Yo no sé por qué dicen que las mujeres dejan de ser amigas en cuanto se mete un tío en medio... Pues Sonia y yo seguimos viviendo juntas sin ningún problema. ¡Cualquiera nos separa...! Sobre todo, porque el tío que nos gusta es el vecino de al lado...

¡Si esa zorra quiere sacarme del piso va a tener que llamar a los geos...! Otra vez... ¡Y que vengan más!

Todo empezó el día que Frank se mudó al apartamento de al lado. Sonia y yo volvíamos de la compra, superunidas... Allí, muertas de risa:

–Tía, se me caen las bolsas...

–Espera, que te ayudo...

–¡Aaah...! ¡Se ha desparramado el paquete de las lentejas, tía...!

–¡Ja, ja, ja...! Bueno, así sabemos volver al ascensor... ¡Ja, ja, ja...!

Y estábamos allí, recogiendo las lentejas y, de pronto, vemos entrar en el piso de al lado a un macizorro... que nos quedamos las dos mirando, y me dice Sonia:

–¿Has visto a ese tío?

Y yo:

–¡Antes que tú!

Porque, en estas cosas, es muy importante ser la más rápida. Así que antes de que ella se me adelantara me planté en la puerta del vecino.

–Hola, perdona, ¿tienes sal?

Y me contesta:

–Ya le he dicho a tu compañera que en cuanto desembale os doy, de verdad...

Me cogí un cabreo... ¡Menuda traidora! Cuando volví a casa, le dije:

–Tía, ¿tú has ido a pedirle sal al vecino?

–Sí...

–Pues había un bote entero...

–Ya, pero como te vi tirándolo al váter...

Ahí ya dije:

–Vale, muy bien... A las dos nos gusta el vecino. Pues para no hacer el ridículo vamos a hacer un pacto: tú le pides las cosas y yo se las devuelvo.

Y un buen rollo... que al día siguiente tiramos también el sacacorchos por el váter.

Y ella:

–Venga, deséame suerte: voy a pedirle el suyo al vecino. ¿Estoy bien?

–Anda, súbete un poco las tetas, boba...

¡Y la boba, lo hizo...! Y, claro, entre las tetas pegadas al cuello y lo bajita que es, ¡parecía Jordi Pujol con paperas!

Pero le dejó el sacacorchos. Y a las dos horas me tocó a mí ir a devolvérselo. Y aproveché bien la oportunidad. Llegué y le dije:

–Oye... ¿tú le has dejado a Sonia el sacacorchos?

–Sí...

–Ah... pues toma, y... Mira, no le dejes nada más... que lo vende todo... Las tragaperras... ya sabes.

Y él:

–Pues qué mal, ¿no? Entre su problema y el tuyo... ¿Tu novio sigue en la UVI?

–¡Ah! ¿Eh...? ¿Mi novio? ¿En la UVI? No, no... ya... se murió. Pero hace mucho, ¿eh? A ella no se lo he dicho por no darle un disgusto... como tiene tendencias suicidas... Vamos, cualquier día aparece con un sacacorchos clavado en el pecho... y van a pensar que he sido yo...

Pero, a pesar de todo, yo pienso seguir jugando limpio. Lo que hago es poner veinte lavadoras al día para subir a tender, a ver si coincido con él en la azotea. El otro día, llegaba yo de trabajar y lo veo subir; y como no me daba tiempo a lavar nada, cogí un montón de ropa que encontré por ahí tirada y salí corriendo.

Y él:

–Vecina, estás tendiendo ropa seca.

Y yo:

–No, es mi lavadora, que centrifuga muy bien.

Y me dice:

–Pues centrifugará muy bien, pero lava fatal, porque esa camisa tiene unos manchurrones...

–¡Ah...! Es de Sonia, como se va abrazando a todos los mecánicos que encuentra...

El único problema entre Sonia y yo surge los sábados por la noche. Porque, claro, ninguna de las dos quiere salir, por si la otra gana terreno. Así que el sábado por la noche le dije a Sonia:

–Estoy maliiiiita...

Y ella:

–A ver... pues no parece que tengas fiebre...

Y yo:

–Claro, como tú siempre estás caliente... Anda, vete a la farmacia y tráeme algo, por favor...

En cuanto se fue puse la porno del Plus a todo volumen y me fui a casa del vecino:

–Hola, ¿te importa que me quede un rato aquí? Es que no puedo ir a casa porque mi compañera está con...

Y él:

–Ya, ya la oigo... con un amigo, ¿no?

–Bueno, más bien con un... cliente.

Y va y me dice:

–Ya, pero aquí no te puedes quedar porque yo estoy esperando visita.

¡Y me cierra la puerta en las narices!

Que yo me fui a casa pensando: «Yo creo que le gusto. Pero a lo mejor le estoy agobiando un poco».

Me dio tanto apuro que a partir de ese día, cuando le veía coger el ascensor, me subía a pata los ocho pisos. ¡Pero era peor! Porque yo lo hacía para que no pensara que lo estaba acosando, y cuando abría la puerta del ascensor me encontraba allí a mí, con la lengua fuera: «¡Ah, ah, ah, ah, ah!».

Al final, pensé: «Mira, yo no puedo seguir así. Voy a agarrar el toro por los cuernos».

Me presenté en su casa y le dije:

–Hola. Nada, que... he estado haciendo un *soufflé* y digo: voy a llevarle la mitad, que para mí es mucho...

Y, de repente, se asoma a la puerta la vecina del sexto, en picardías, y me dice:

–Huy, pues nos habéis resuelto la cena, porque tu amiga nos ha traído la otra mitad...

¡Para que luego digan que cuando a dos chicas nos gusta el mismo tío no estamos unidas! Al día siguiente nos fuimos Sonia y yo, juntas, a hacer pintadas por el edificio: «La del sexto es un travesti y no sabe hacer *soufflé*».

Los piropos

Hoy he tenido que pasar por delante de una obra y los obreros me han dicho unas cosas... Y mira, si te lo dicen será porque es verdad. Porque, seamos sinceras: «El albañil no engaña». Los piropos son verdades como puños, dichas a voces. Y si un albañil te dice:

–¡Vaya torres gemelas que tienes!

Pues eso quiere decir que las tienes, y seguro que, además, tienes muchos aviones rondándote.

Hay mujeres que dicen:

–A mí no me gustan los piropos.

Y yo les digo:

–Ya, o sea que prefieres al médico diciéndote: «Está usted pachucha», que a un albañil gritándote: «¡Qué buena que estás!».

Yo no lo entiendo: las mujeres vamos a una *boutique* y nos creemos lo que nos dice cualquier dependienta mascando chicle: «¡Llévate el verde loro, que te queda ideal!». Pero ¿qué nos pasa? ¿Cómo te vas a fiar de esa niñata que no distingue un donut de un cinturón? Sin embargo, si un albañil, de forma totalmente altruista, nos grita: «¡Virgen del copón bendito! ¡Estás para mojar pan!», entonces dudamos de su criterio. Pero vamos a ver: ¿qué gana el albañil mintiendo? Un hombre que es evidente que es católico y que si en ese momento de excitación se cae del andamio ¡se va al infierno!

¿Quién es más fiable? ¿Una dependienta interesada o un hombre que, por tus encantos, está a punto de condenarse para siempre?

Es verdad que los piropos son muy exagerados: «Rubia, tienes los ojos más grandes que los pies y los pies más pequeños que las tetas». ¡Vale, ya lo sé, no es exacto! Pero tampoco les vas a pedir una precisión milimétrica, a esa distancia y con el polvo del yeso. Y, hombre, muy poético tampoco es, pero... ¡Ahí me gustaría ver a mí a Antonio Gala, con pico y pala! ¡Y sin pluma!

Lo que está claro es que el piropo te lo tiene que decir un profesional: un albañil, un mecánico, un pintor de brocha gorda... Uno de estos que te dicen:

–¡Tú con tanta carne y yo sin dientes...!

Ése es el piropo de un profesional, ¡que con tal de halagarte es incluso capaz de reconocer sus defectos!

A un profesional se le reconoce enseguida, porque hay una regla de oro: «Si lleva mono... o si sale de una alcantarilla, te va a decir un piropo». Es más, si no te lo dice te quedas jodida... Te dan ganas de volverte y decir:

–¡Quéeee! ¿Estamos vagos hoy?

Hombre, que para esto hace falta vocación, y si no la tienes, pues no te metas, coño.

Aunque yo lo entiendo: diez horas al sol queman a cualquiera. Pero el que es profesional se prepara los piropos en casa para evitar quedarse en blanco... Y se nota el que está preparado:

–Me gustaría ser patata frita para acompañar ese lomo...

Yo me imagino al obrero en su casa:

–Niño, baja la tele, que papá está concentrado... A ver... pa' rubia... pa' rubia: «¡Rubia, que te como la alubia!». Huy, éste no, que me ha salido un poco guarro... A ver... Pa' una pareja de madre-hija... «Señora, le cambio a su hija por una lavadora». Éste sí, esto es una cosa práctica... ¡Esto no puede ofender a nadie! Y para una morena... para una morena: «Quisiera ser mariachi... pa' tocarte la cucaracha». Éste... muy fino no es... ¡pero, coño, son las dos de la mañana! Así se queda.

¡Y esto sí que no puede ser! ¡Si son las dos, como si son las tres! Que luego tienes que oír cada cosa...

–¡Vaya culo! ¡Te tiras un pedo en un saco de harina y salen croquetas!

Que a ti te gustaría contestarle algo inteligente, pero te quedas tan bloqueada que sólo te sale:

–Pues anda que tú, las croquetas, ¿qué?

Pero lo peor es cuando no te esperas el piropo. Porque en esto hay mucho intrusismo profesional, y a veces vas por la calle, te cruzas con un señor con traje y corbata y, de repente, se acerca y te habla como Ozores:

–¡Osfonflos, apergumos, gonflos, serpontes fon ar en el chocho!

Que te dan ganas de decirle:

–Pero, vamos a ver: ¿usted es del gremio? A ver, ¡el carné!

Y no es el único. Porque luego está el tío que se para en la acera, esperando a que tú pases y va y te dice:

–Vaya, vaya, vaya, vaya...

¡Pues vaya labia! Aunque hay uno al que yo le tengo especial manía... Es ese que pasas a su lado y hace:

–Sheeee... chet, chet, chet, chet...

Yo creo que les patina la dentadura... Que es para decirles:

–¿Por qué no te pegas los piños con Corega?

Además, los que no son profesionales de algún ramo del mono, para piropear, necesitan asociarse: tú te estás acercando a un grupito de tíos y ves que te están esperando. ¡Y, de repente, no sabes andar! ¡Y las tetas te tiemblan más que nunca! Y los tíos que se han dado cuenta: «Pin, pon, pin, pon...». Y tú: «Voy a cruzarme de acera...». Pero no puedes, porque están regando... ¡Y sólo te falta eso! Que te mojen la camiseta. Así que dices: «Vale, suerte y al toro». Hundes la cabeza en el pecho y embistes... Y uno te suelta:

–¡No te escondas, guapa...!

Y ahí ya se agarran todos:

–Scht, scht, scht, scht...

–Vaya, vaya, vaya...

–Ogos nitofoclo floorogongo... chocho.

Y entonces ves que se acerca el de la manguera y ahí ya estallas:

–¡Sí! ¡Ya sé que tienes manguera y que yo tengo boca de riego, pero como me hagas un chistecito te dejo seco!

Preguntas hipotéticas

Tengo un amigo que el pobre es... no sé cómo decirlo... gilipollas.

Vamos, el otro día estábamos viendo la tele y me dice:

–Oye... estaba pensando... Si todos los caminos conducen a Roma... ¿cómo sales de Roma?

Y yo pensé: «Ya está éste otra vez». Porque es que no para, el tío... Se pasa la vida haciendo preguntitas de estas que te dejan jodido, y que no sirven para nada. Pero no es culpa suya, ¿eh? Éste es un mal derivado del Estado del Bienestar: como no hay paro, ni problemas de vivienda, ni nada, nos tenemos que buscar situaciones imaginarias para complicarnos la vida.

Mira que me fastidian las preguntitas hipotéticas...

–Oye, ¿tú por cuánto te dejarías cortar un dedo?

Y yo:

–Tío, yo qué sé..., eso es una gilipollez.

Pero lo malo de la gilipollez es que es contagiosa y, aunque no quieras, a los veinte segundos le preguntas:

–¿De la mano o del pie?

Y él:

–De la mano.

Y ya te pasas toda la noche con la mano estirada, calculando qué dedo te hace menos falta. Al final, dices:

–Bueno, pues... por veinte kilos...

Y tu amigo:

–¿Síiii? ¿Por veinte kilos? Yo ni de coña, tío...

Y te deja jodido: «¡Ufff! ¿Estaré malvendiendo los dedos?». ¡Y así es como se sigue extendiendo la gilipollez! Porque te quedas tan trabado que, al primero que ves, le dices:

–Oye, ¿tú te dejarías cortar un dedo por veinte kilos?

Y te dice el tío:

–No sé... todavía estoy pensando lo de la mierda.

Y tú:

–¿Lo de la mierda?

–Sí. ¿Tú por cuánto comerías mierda?

Y tú:

–Huy... no, no, no... Yo ya no entro al trapo.

Y cuando te vas a pirar te dice:

–¿Y si fueran a matar a tus padres si no te la comes?

Que ahí ya dices:

–Pero, vamos a ver... ¿Sería mía o de otro?

¡Y ya has entrado otra vez! ¡Pero qué gilipollez! ¿Qué clase de criminal va a secuestrar a tus padres y de rescate va a pedir que comas mierda? Y me dice el tío:

–A ti lo que te pasa es que no quieres a tus padres...

Y eso ya me llegó al alma:

–Yo adoro a mis padres.

–¿Sí? ¿Y si tu casa estuviera ardiendo y sólo pudieras salvar a uno, a cuál salvarías?

Pero, en esto de las preguntitas hipotéticas, las reinas son las mujeres. Ni el amigo más coñazo que tengas es capaz de igualarlas. Porque si ya es difícil responder cuando te preguntan: «¿Estoy gorda?», lo que es insufrible es cuando empiezan: «¿Si yo estuviera gorda y te dejara por otro, tú me seguirías queriendo?». Que te dan ganas de decirle:

–A ti no, pero a él le ponía un piso...

Es que se pasan la vida intentando pillarte, por eso es muy importante saber salir:

–¿Si estuvieras en una sauna llena de mujeres desnudas, harías algo?

–Sí. Sudar.

Pero es que te preguntan cada cosa:

–¿Tú me pondrías los cuernos con Julia Roberts?

Joder, pues claro. ¡Qué ganas de llevarse un disgusto por una cosa que lo mismo... ni llega a pasar!

Y a veces también te preguntan:

–¿Tú te enfadarías si yo me acostara con Brad Pitt?

¡Que te da una pena, la pobre...! Aunque... yo me imagino a Penélope Cruz y a Nacho Cano cuando eran novios, saliendo de ver *Top Gun*...

Ella:

–¿Tú me perdonarías que me acostara con Tom Cruise?

Y él:

–Anda, anda..., infeliz...

Y es que esto de las preguntas hipotéticas llega a unos extremos... ¡Algunas mujeres hasta hacen combinaciones de cuatro elementos!:

–¿Tú qué preferirías, que estuviera con otro en la cama pensando en ti o que estuviera contigo pensando en otro?

¡Tú pensando...! ¡Eso sí que es hipotético!

–Y si te engañara, ¿qué te dolería más, que fuera con un hombre o con una mujer?

¡Coño! Lo que me dolería es que te enrollaras con una tía y no contaras conmigo...

A veces, incluso, parece que te están haciendo una pregunta normal, pero es sólo para colarte la otra:

–¿Sabes que Alberto se va a volver a casar?

Y tú:

–¿Ah sí? Qué bien...

Y ella:

–¿Y si yo me muriera tú te casarías otra vez?

Que ahí ya explotas, y le preguntas tú a ella:

–¿Y si me casara otra vez, qué te dolería más, que me casara con un hombre o con Alberto de Mónaco?

Es que son tan retorcidas que utilizan las preguntas hipotéticas para hacerte chantaje emocional. El otro día fui a ver a mi madre y me dice:

–Hijo..., si yo fuera una carga, ¿me meterías en una residencia?

Y yo:

–¿Qué pasa, mamá?, ¿que no te gusta el asilo?

A mí lo que me acojona es que esto se convierta en una epidemia. Cualquier día estás en el quirófano y entra el cirujano:

–Si tuviera que extirparle algo, ¿qué preferiría que le quitara, el apéndice o un pulmón...?

Menos mal que aquí la respuesta está clara. ¡Coño, de lo que hay dos!

Y a la hora de casarnos, ¿se lo imaginan?

–¿Quieres a esta mujer por legítima esposa y prometes respetarla en la salud y en la enfermedad, en la riqueza y en la pobreza hasta que la muerte os separe?

–Sí.

–Y si la fueran a matar... ¿comerías mierda?

En fin, fíjense si estas preguntas harán perder el tiempo en balde que ustedes llevan diez minutos leyendo este monólogo. ¡Es más! Me juego lo que quieran a que luego se van a preguntar los unos a los otros por cuánto se dejarían cortar un dedo... ¡No lo hagan... no lo hagan por menos de veinte kilos!

Religión

El demonio es un «pringao»

Yo no entiendo cómo hemos podido vivir tantos siglos acojonados por el demonio. ¡Si es un pobre diablo! A Dios se le representa como un ojo que todo lo ve, el Todopoderoso... En cambio, el demonio... ¡El demonio es una cabra con un tenedor gigante!

Yo creo que el problema del demonio es que le dieron poco cariño de pequeño. Porque él, al principio, era un buen chaval, pero como era muy torpe siempre se estaba cayendo, y al pobre le salieron dos chichones aquí... en la cabeza... Y, encima, los demás ángeles se reían de él:

–¡Se ha caído, se ha caído!

¡Qué mala leche! ¿Es que no saben que no hay que hacer leña del ángel caído...?

Claro, el demonio se hizo malo, y dijo:

–Dios, te vas a cagar.

Y desde entonces se dedicó a competir con Él. Pero... sigue siendo un «pringao». Porque Dios, se aparezca donde se aparezca, impresiona. Le da lo mismo aparecer en la Sábana Santa, en el hueso de un jamón o en un gol de Maradona... Sin embargo, el demonio, para acojonar, necesita una parafernalia... Casas abandonadas, tormentas con rayos... El demonio se te aparece de día en la playa, en pelotas y todo rojo, ¡y te crees que es un turista churruscado!

A veces, también intenta acojonar con las posesiones, que eso es otra tontería: se te ponen los ojos en blanco, no se te entiende al hablar, vomitas verde... ¿Y eso es una posesión? ¡Eso es una cogorza! Además, una posesión se arregla enseguida... Tú al demonio le echas un poco de agua bendita con el sonajero... y se acojona:

–¡Aaaaah, ah, ah, no, no...!

Otra cosa que tiene Dios a favor es lo fácil que es contactar con él. ¡Como está en todas partes...! Tú dices: «Ave María Purísima», y ya tienes línea directa.

Yo me pregunto si Dios tendrá contestador para las emergencias. Supongo que sí, y el mensaje dirá: «Éste es el contestador de Dios, en estos momentos no estoy en todas partes. Es que me he perdido, porque los caminos del Señor son inescrutables. Pero deja tu mensaje...».

En cambio, para contactar con el demonio tienes que montar cada una... Que si retorcerle el cuello a un pollo... Que si conseguir sangre de virgen... Que digo yo que puedes retorcerle el cuello a Britney Spears y matas dos pájaros de un tiro.

Pero, bueno, no exageremos. Hay formas más limpias de contactar con el demonio. Por ejemplo, la «ouija». Primero marcas el código pin: seis-seis-seis... y luego usas un vaso para comunicar con él. Es lo que se llama un vaso comunicante...

Pero cuando por fin consigues contactar, francamente... es decepcionante: lo único que hace es mover los floreros, correr los taburetes... Vamos, que el demonio es como las abuelas, no para de cambiar las cosas de sitio.

Yo una vez hice una «ouija» de ésas, con unos amigos, y cuando terminamos cogí el vaso y me puse una cerveza, y me dicen todos:

–¡Tío!, ¿qué haces? ¡Se te va a meter el demonio dentro!

–¿Y qué? ¿Tú crees que con esta voz que tengo, si se me mete el demonio, se me va a notar?

¡Está claro que el «pringao» del demonio no puede competir con Dios! Por eso tenía que haberle hecho la competencia al Hijo, que tiene menos categoría. Por ejemplo, cuando Jesús dijo aquello de: «Lázaro, levántate y anda», tenía que haber ido el demonio detrás:

–Lázaro, ¡que te sientes, coño!

Y cuando Jesús encontrara a un ciego y le dijera:

–Pues te devuelvo la vista.

Él detrás:

–¡Pues yo te la quito!

¡Y que se creara pique! Ahora ves, ahora no ves, ahora ves, ahora no ves. Y que el pobre viera a trompicones... como en las discotecas.

Pero, nada, el demonio no tuvo vista.

En vez de esto se dedicó a hacer pactos con la gente. Estos pactos consisten en que tú le vendes el alma y él te mantiene eternamente joven. Ahí están Ramoncín, Isabel Preysler y Marujita Díaz... que yo creo que ésta... firmó tarde el contrato. Bueno, pues, ahora, hasta el poder este se lo han jodido unos cachondos inventando el Retinol.

A mí, la verdad, el pobre diablo me da pena... Yo, por hacerle un favor, le vendería mi alma, pero... la tengo hipotecada a treinta años.

El Paraíso

¡Tengo unas ganas de morirme...!

Pero de morirme bien. No como la semana pasada, que me hice la cera fría, se me cortó la digestión y me quedé a las puertas de la muerte... ¡A esto...! ¡Y me dio una rabia!

Es que soy muy cotilla... Y si casi no puedo esperar al jueves a que salgan las revistas del corazón, ¿cómo voy a esperar cuarenta años para saber cómo es la otra vida?

Al menos, ya sé cómo es una experiencia cercana a la muerte. Y es como lo cuentan, ¿eh? Primero, me salí de mi cuerpo... Me vi desde fuera... Que dije: «¡Coño, qué gorda!»; y de pronto, me absorbió un túnel de luz cegadora... así... como la fachada de El Corte Inglés en Navidad... Que yo creo que el túnel lo iluminaron tanto para que, cuando llegara Lady Di, no se chocara también con éste.

Y todos mis familiares:

–¡Holaaaa, holaaaa!

Y mi tía Fermina:

–¡Estás más gordaaa!

Y yo:

–No, si ya me he visto...

Y cuando por fin iba a entrar a... lo que fuera, oigo una voz que me dice:

–No puedes entraaaar. Aún no es tu momentoooo...

Y yo:

–¡Ay, hombre! Sólo un segundín... para echar un vistazo... Te dejo el DNI...

Pero nada.

Y ya no es sólo lo que haya después de la muerte: a mí lo que me reconcome es saber quién tendrá razón. Porque, claro, cada religión dice una cosa... Y lo que está claro es que, menos una, todas las demás se van a llevar un chasco...

Los cristianos, que si todo está lleno de nubes, ángeles con arpas, flautas, ocarinas... Que los que no hayan estudiado solfeo más les vale hacerse budistas... Porque ¿qué coño haces toda la eternidad? ¿Tocar las palmas? Bueno, tocar las palmas o sentarte a la derecha del Padre... Porque allí no hacen otra cosa. Ya verás cuando llegue Aznar y quiera sentarse en el centro...

A lo mejor lo que hacen para entretenerse un poco es poner una silla de menos y que, cuando deje de sonar la ocarina, haya que sentarse corriendo. Y así se entretienen... Menuda juerga, ¿eh? Yo me imagino la conversación entre dos cristianos:

–¿Qué te parece la otra vida?

–Joder, se me está haciendo eterna.

Luego, los budistas: como creen en la reencarnación, en vez de «más allá», lo que tienen es «más allá, más acá, más allá, más acá...». Ahí está Aramis Fuster, que dice que fue una bruja medieval. Y la verdad es que mayor sí se la ve.

Y, luego, para los musulmanes el «más allá» es un paraíso lleno de mujeres sirviéndoles manjares... Que digo yo, que será el paraíso para los tíos... Pero las musulmanas, ¿cómo se dan cuenta de que están en el cielo? Como no sea que les ponen lavavajillas... ¡Vaya paraíso...! ¡Toda la eternidad de camarera! Para eso es mucho mejor colocarte en McDonald's, que por lo menos la gente se retira la bandeja.

Pero, claro, alguno de éstos tiene que tener la razón. ¡Imagínate que ganan los budistas! Me imagino al pobre musulmán, que lleva toda la vida sin comer jamón, en la puerta del cielo:

–Coño, no me jodas... ¿Y no me convalidan nada?

Y Buda:

–Oooooommm... Te jodes.

O que tengan razón los musulmanes. Y llegue una pobre católica, que lleva toda la vida en el conservatorio, allí, cargando con el arpa:

–¿Dónde son los ensayos?

Y Alá:

–Anda, anda... Suelta el instrumento y ponte a servir mesas...

En esto, los más listos son los ateos, porque como no esperan nada todo lo que les den les parece bien.

–Mira, que el cielo es un harén.

–¿Ah, sí? ¡Pues de puta madre...!

–Mira, que es una nube.

–Bueno..., pues no está mal...

–Oye, que es un imán para la nevera.

–Bueh... Mejor que nada...

Yo, personalmente, creo que el cielo que existe es el cristiano, porque, por ejemplo, tú ves a los budistas y sí, mucho colorido, mucho rollo, pero no se ve gente capaz de organizar un cielo como Dios manda, con su túnel, su luz, sus seres queridos...

Sin embargo, ves a la Iglesia católica, pasando el cepillo en misa, invirtiendo en Bolsa, que tienen hasta un banco, y piensas: «Estos tíos, sí: aquí hay una organización, aquí hay criterio de empresa...».

¡Si hasta tienen un departamento especial para la gente que se muere sin bautizar! ¡El limbo! Que aquello tiene que ser un lío... Porque, claro, digo yo: si están sin bautizar, ¿cómo se llaman? Todo el mundo: «¡Pssh!, ¡eh!, ¡tú!, ¡quillo!, ¡el calvo!...».

Lo malo del cielo católico es que no te hacen fija hasta el Juicio Final. Tú llevas allí doscientos años de interina y, luego, cualquiera te puede quitar la plaza. Yo me imagino el panorama: todo el mundo allí, delante de Dios y los apóstoles...

–A ver: Teresa de Calcuta. Sigues con nosotros.

Y la madre Teresa:

–¡Toma!

Y Pilar Tabares:

–A ver... Beatriz.

Y tú allí, de pie...

–Tienes un gran potencial. No pierdas la ilusión pero... no sigues con nosotros.

¿Pues sabes lo que te digo? Que a mí plin. El cielo cristiano no puede ser tan cojonudo, si no, ¿por qué el papa se resiste tanto a ir?

Los santos

Yo siempre he sido una persona muy ambiciosa. De pequeña, cuando todas las niñas querían ser monja, yo no. Yo quería ser santa, directamente. Hasta que me di cuenta de que no era reto... Porque, la verdad, ser santo no tiene ningún mérito.

Por ejemplo, en el colegio te decían las monjas:

–Hoy vamos a rezar a santa Lucía, a la que decapitaron y le arrancaron los ojos.

Y yo pensaba: «Habría que ver en qué orden, porque si la decapitaron primero, lo de los ojos ya... no tiene mérito». No, pero parece que fue primero lo de los ojos, porque te ponían allí una estampa de la santa, con las cuencas vacías y los ojos en la mano, que parecía una ludópata tirando los dados.

«Y santa Felicidad y santa Perpetua, que fueron amarradas ante una vaca furiosa para que las destrozara.» Pero ¿bueno, eso son santas o concursantes del Gran Prix?

Y es que ser santo es lo más fácil del mundo. ¡Con que te martiricen...! Y en tiempo de los romanos, más fácil todavía, porque los romanos ayudaban... Por nada te echaban a los leones... y listo. No importaba lo cabrón que fueras. Si te echaban a los leones... ¡Pum! ¡A los altares! Si hubiésemos seguido con ese nivel de exigencia, Ángel Cristo ya sería santo.

Yo me imagino a los cristianos en el circo, antes de salir, allí, en el calentamiento. Tenía que ser más estresante que *Operación Triunfo*.

–¿Cuántos leones hay?

–¡Pufff...! ¡No hay para todos! ¡Como mucho, se comen a cuatro, los demás nos vamos a quedar sin canonizar!

Otra forma de convertirse en santo es hacer algún milagro. ¡Pues sí que eso complica mucho la cosa...! Porque a la Iglesia cualquier milagro le vale. Por ejemplo, el de la zarza ardiente: no me digan que hacer arder una rama seca tiene mucho mérito... ¿A qué no hay un solo santo que haya hecho arder una sandía fresca?

¿Y el milagro de dejar el cuerpo incorrupto? Ya ves tú: que no se te pudra el cuerpo con el paso de los años... ¡Eso lo hace Cher! Además, los brazos incorruptos de los santos hay que verlos... ¿Qué diferencia hay entre un brazo incorrupto y un churro quemado?

Yo me imagino la cola para ir a apuntarse a santo:

–Buenas, yo es que lloro sangre.

Y el funcionario:

–Tío, tú lo que tienes es una conjuntivitis de puta madre. ¡El siguiente!

–Hola, yo soy Moisés, y doy con una vara en una piedra y sale agua... ¡potable!, ¿eh?

–Vale, vale, ya le llamaremos... ¡Otro!

–Hola, yo soy Abraham y cada vez que voy a apuñalar a mi hijo, oigo una voz que me dice: «¡No lo hagas!».

–¿Y cuál es el milagro?

Y salta la mujer:

–El milagro es que me haga caso, porque el niño es pa' matarlo.

Y el pobre funcionario:

–¡Joder esto parece *El semáforo*!

Y luego, aparte del martirio y de los milagros, está lo de ser virgen. Que esto no es imprescindible, pero sube nota. Como a santa Águeda, que la canonizaron porque se negó a acostarse con un gobernador romano. Que aquí también hay que matizar, ¿eh? Porque si el gobernador es George Clooney... Yo entiendo que la chica era una santa... Pero, si no, ¿qué mérito tiene? Habría que hacer santas a todas las tías que hayan rechazado a Rodríguez Menéndez. Bueno, pensándolo bien... A las que habría que canonizar es a las que se han acostado con él.

El caso es que a lo largo de la historia ha sido tan fácil hacerse santo que ahora pasa lo que pasa, que están todos apelotonados. ¡Que hay cuatro santos por día! El día 9 de febrero: santos Miguel Febres Cordero, Apolonio, Nebridio y Abelardo. ¡Parecen la alineación de un equipo de fútbol!

Yo lo que no sé es en qué equipo habrán metido a Escrivá de Balaguer... Pero con lo pijo que es seguro que comparte día con Yves Saint-Laurent.

Si es que hasta los mismos santos reconocen que esto es un cachondeo. Sabéis lo de san Lorenzo, ¿no? Esto es verídico. Según consta en los archivos oficiales, san Lorenzo, cuando le estaban quemando en la parrilla, le dijo a los romanos:

–Podéis darme la vuelta, que por este lado ya estoy hecho.

¡Qué cachondo el tío! Sólo le faltó levantarse y ponerse a cantar:

–¡La barbacoa, la barbacoa...!

Índice

Diseño de la cubierta: Rigo & Collado

Círculo de Lectores, S. A. (Sociedad Unipersonal)
Travessera de Gràcia, 47-49, 08021 Barcelona
www.circulo.es
3 5 7 9 4 0 1 2 8 6 4

Licencia editorial para Círculo de Lectores
por cortesía de Santillana Ediciones Generales, S. L.

Depósito legal: B. 44727-2004
Fotocomposición: punt groc & associats, s. a., Barcelona
Impresión y encuadernación: Printer industria gráfica
N. II, Cuatro caminos s/n, 08620 Sant Vicenç dels Horts
Barcelona, 2004. Impreso en España
ISBN 84-672-1013-3
N.° 30684